中国电信
多媒体客服实务：
岗位技能

主　编 ○ 阮瑞华
副主编 ○ 魏　萌　张华利
参　编 ○ 丘金平　钟柳冰　张奕婷
　　　　　赖紫莹　熊　伟　郭海涛

西南财经大学出版社
Southwestern University of Finance & Economics Press
中国·成都

图书在版编目(CIP)数据

中国电信多媒体客服实务.岗位技能/阮瑞华主编.—成都:西南财经大学出版社,2021.4
ISBN 978-7-5504-4681-6

Ⅰ.①中… Ⅱ.①阮… Ⅲ.①移动通信—通信企业—商业服务—中国—教材 Ⅳ.①F632.4

中国版本图书馆 CIP 数据核字(2020)第 244528 号

中国电信多媒体客服实务:岗位技能

ZHONGGUO DIANXIN DUOMEITI KEFU SHIWU:GANGWEI JINENG

主 编 阮瑞华
副主编 魏 萌 张华利

责任编辑:李晓嵩
责任校对:杜显钰
封面设计:何东琳设计工作室
责任印制:朱曼丽

出版发行	西南财经大学出版社(四川省成都市光华村街55号)
网 址	http://www.bookcj.com
电子邮件	bookcj@ swufe. edu. cn
邮政编码	610074
电 话	028-87353785
照 排	四川胜翔数码印务设计有限公司
印 刷	郫县犀浦印刷厂
成品尺寸	185mm×260mm
印 张	8
字 数	140 千字
版 次	2021 年 4 月第 1 版
印 次	2021 年 4 月第 1 次印刷
印 数	1— 2000 册
书 号	ISBN 978-7-5504-4681-6
定 价	25.00 元

前言

随着经济社会的发展，各行各业都在经历着从"以产品为导向"到"以客户为导向"的转变，服务成了企业竞争的重要环节，是未来企业可持续发展的战略要点。伴随着经济发展应运而生的呼叫中心在各领域得到蓬勃发展。呼叫中心在通信行业、金融行业、电商行业、物流行业等已经被成功应用，它的业务范围不断拓展，服务内容不断增加，成了企业与客户之间顺畅沟通的桥梁。因此，各行各业都需要配备大量的呼叫中心客户服务代表技能型人才。

本书由清远工贸职业技术学校阮瑞华主编，学校教师和企业导师共同组成课程开发团队。本书围绕校企合作企业中国电信10000号深圳区域中心核心岗位，以职业能力为导向，以"学校课程+企业课程"双线交织为主线，以岗位需要和职业标准为依据，注重学生"工学交替"实践能力的培养。本书在编写过程中特别注重理论与实践的有机结合，精选了大量案例。案例紧扣中国电信客户服务代表的工作情境，尽可能还原工作任务场景，把理论知识灵活运用于实践当中，期望学生达到熟练掌握技能的学习目的。

本书共 6 章，分别为客户服务代表角色认知、客户服务代表服务礼仪、"听得见的微笑"、服务规范及常见场景、投诉处理技巧、压力情绪管理及积极心态培养。本书内容覆盖了呼叫中心一线客户服务代表的岗位技能要求。希望通过本书的学习，学生能够具备客户服务代表的基本素质，掌握客户服务代表的必备技能，并能够通过情境模拟训练，巩固客户服务代表的工作技能，达到呼叫中心岗位技能的要求。

本书附录是按章设置的复习题库，可以检测学生的学习效果。

本书主要用于中国电信 10000 号多媒体客户服务代表的岗前培训，同时也可以作为通信运营服务专业学生的专业教材。

由于编写时间仓促，加之编者水平有限，书中难免有疏漏之处，恳请读者批评指正。同时，随着实践发展的需要，我们还将对教材内容不断更新和完善。

编者

2021 年 3 月

目录 CONTENTS

1 客户服务代表角色认知

1.1 客户服务概述

在电信市场竞争日趋激烈的今天，中国电信作为一家提供通信服务的运营企业，已经把对客户服务的重视程度提高到了战略层面。10000 号客户服务中心是直接为客户提供服务的前沿阵地，在企业的生产经营中发挥着越来越重要的作用。10000 号客户服务代表在中国电信扮演什么样的角色、承担什么样的责任，是在实际的工作中被经常讨论和思索的问题。

1.1.1 客户

中国电信 10000 号客户服务中心面对的客户就是通过拨打 10000 号客户服务热线获得电信服务和收益的访问者。

对于一名称职的客户服务代表来说，从接电话的那一刻起，确保客户的需要和期望得到满足就成为其职责，从那一刻起致电者就成了客户。客户服务代表采取的沟通方法和满足客户需求与愿望的程度决定了客户对企业的满意度和忠诚度，最重要的是决定了客户是否会再次与企业合作。对客户来说，客户服务代表通常是客户与企业接触的第一界面，在客户的头脑中，客户服务代表不仅是企业的一名雇员，而且是整个公司的代表。

在电话服务过程中，客户服务代表面对的客户通常可以分为以下三种类型：

（1）要求型，即想了解企业的产品和服务的客户。

（2）困惑型，即对某个问题不清楚或有误会，需要客户服务代表向其解释清楚的客户。

（3）激动型，即对产品或服务不满意，情绪很激动的客户。

1.1.2 客户服务

电信企业客户服务意味着客户认为企业应当做什么或不做什么，而不是企业实际做什么或不做什么。客户需要的不仅是电信产品和服务，更想获得一种真诚高效的服务来满足他们的需要。

客户服务并不限于接受咨询查询、处理投诉抱怨、受理业务等服务。就广泛意义而言，任何可以提高客户满意程度的因素，都属于客户服务的范畴。

电信企业客户服务工作具有以下几个方面的特点：

（1）难以感知性。这一特点可以主要从以下三个方面来理解：一是客户服务的很多元素对于客户来讲是看不到、摸不着的；二是客户在接受服务之前，往往不能确定他可以得到的服务是什么，因为很多服务都非常抽象，很难描述；三是某些客户服务具有一定的延后性，客户在接受服务后无法立即感受到服务的利益，也就无法对服务的质量做出全面客观的评价。

（2）互动性。客户服务代表向客户提供服务的过程是服务人员与客户互动的过程，两者缺一不可，而且双方都有可能对服务的结果产生影响。

（3）差异性。差异性是指客户服务是一个非常复杂的过程，在某种意义上来说很难做到标准化，每次服务带给客户的感知、服务质量都可能存在差异，这主要是由于在双方互动的过程中，很多因素都会对服务的结果产生影响。

（4）流程化。大多数的客户服务过程都遵循一定的规范或符合一定的流程。

（5）不见面的服务。客户服务代表向客户提供的服务是利用以电话为主的各种通信设备完成的，因此客户服务代表很少有机会与客户直接见面，但同时这种服务又要求客户服务代表力争达到面对面的服务效果。客户服务代表必须具备电话沟通技巧、良好的倾听能力和语言驾驭能力等多项技能。

1.1.3　客户满意度

客户满意度对于企业来说是至关重要的。什么是客户满意度呢？客户满意度是指客户对企业以及企业产品和服务的满意程度。通俗地说，客户满意度是客户所体验的高兴程度。

客户满意度是衡量客户是否满意的具体指标，是通过客户"期望"的服务与"感知"的服务之间的差异而表现出来的。在评价客户满意度的过程中，由于形成"期望"与"感知"的各种因素都很难控制，因此建立并维持与客户的融洽关系就不仅仅是客户服务代表工作的扩展部分，而是工作的全部。客户服务代表在座席上开始工作的时候，心中必备的两个状态是：第一，客户只是反映具体事实没有对错之分；第二，我代表的就是企业。

客户满意度的提升，将帮助企业持续提升客户价值，提升企业的竞争能力和盈利能力，使企业在竞争中立于不败之地。

1.2 客户服务代表岗位要求

客户服务代表是通过 10000 号客户服务系统，运用语音、传真、电子邮件、短信等综合信息处理手段，主动或被动地向客户提供各项电信产品的售前、售中、售后服务的相关人员。

作为一名客户服务代表，除了需要具备身体健康、声音甜美、熟练掌握计算机操作技能、普通话标准、文化素质良好等基本条件外，还需达到以下岗位要求：

1.2.1 积极的心态

从事任何一项工作都要具备积极的心态，这包括对客户服务代表工作本质的认知与认同。10000 号客户服务代表在接听来电并处理客户咨询、查询、投诉以及外呼营销时要接触大量的客户，经常会遇到各种各样的挫折，必须要有承担这些挫折的勇气，把这些挫折变成成功的起点。

1.2.2 自我管理能力

（1）自我激励。客户服务代表在工作中面临着服务与营销带来的巨大压力，这种压力可能来自业绩方面，也可能来自身体方面，还可能来自长时间工作而感到的枯燥。客户服务代表要善于自我激励，从而缓解这种压力。

缓解压力的方法有很多，如积极思考、多看一些自我激励的书、听听音乐、一个人静坐好好休息一会儿等，客户服务代表要找到最适合自己的方式来缓解压力。另外，树立正确的职业观对客户服务代表保持长期持续的激励也很重要。

（2）学习能力。客户服务代表需要接触的知识甚为广泛，从行业知识、服务技能到营销知识等，可以说客户服务代表的工作是"综合素质"的展现。面对如此多的知识和信息，没有较强的学习能力是无法参与竞争的。仅以销售技巧为例，从引导式销售到倾听式销售，再到提问式销售直至顾问式销售……销售技巧不断变化翻新，优秀的客户服务代表只有掌握各种销售技巧才能在竞争中胜出。当然，客户服务代表需要学习的远不止销售技巧，还必须具有举一反三的能力。

（3）执行能力。执行能力体现的是客户服务代表的综合素质，更是一种不达目标不罢休的精神。客户服务代表在执行计划时常常会遇到困难，这时如果只会说："主管，这件事太难了，我实在做不了。"那么领导往往只能说："好，那我找能够完成的人来做。"没有困难的事情称不上任务，人人都可以完成的事情也体现不出客户服务代表的价值。

1.2.3　电话沟通能力

电话沟通能力是指客户服务代表在与客户交互的过程中，运用声音、提问、倾听等技巧与客户建立融洽的关系，并进行交流与沟通。电话沟通能力要求客户服务代表一是具备良好的表达能力，能够运用恰当的语句准确表达自己的意思，而且能够用准确易懂的语言为客户分析或解答，能够向客户清楚地说明产品或服务的优势以及能够给客户带来的利益，能够让客户清晰地了解或理解；二是具备倾听能力，能够用认真、谦逊、宽容的心态倾听客户讲话，并能够准确接收信息，快速正确地理解客户所询问的问题以及判断客户的真实需求；三是具备意见征求能力，能够在适当的时候运用不同的提问技巧了解客户的需要或控制对话方向；四是具备控制情绪的能力，能够控制个人工作情绪，保持正面乐观的情绪，并能够引导和控制客户的情绪，能够安抚客户情绪，协助客户缓解压力，能够为不同情绪的客户提供专业、全面、正确的解答。

1.2.4　业务处理能力

客户服务代表应该熟悉各类电信业务、产品、服务、营销等专业知识，具备熟练的业务处理能力。只有这样，客户服务代表才能向客户全面、详细地说明产品和服务的卖点以及给客户创造的价值，清楚解答客户的疑问，恰如其分地处理客户的要求，提升客户的满意度。

业务处理能力对于在呼入或呼出过程中开展电话营销尤为重要。客户服务代表具备熟练的业务处理能力，除了要对产品本身了解以外，更重要的是对产品使用用途、客户使用环境、客户的价值要有清楚的了解。客户服务代表需要在电话中帮助客户进一步明确客户的需求，甚至帮助客户看到客户未来的但现在还没有意识到的需求。

业务处理能力反映了客户服务代表对业务知识的掌握程度。业务知识范围涵盖业务功能、业务使用方法、使用范围、资费标准、促销活动和折扣等各类相关信息。业务处理能力包括业务处理解答、专业知识、文字书写能力。业务处理解答要求做到积极倾听、安抚客户情绪、回答客户问题简洁有力。专业知识要求熟练掌握各类电信业务、相关支撑系统操作和市场营销知识，可以熟练操作支撑系统，迅速查询相应的资料并处理，准确回答客户的问题，对需要记录的内容能够表述清楚、分类准确。

1.2.5　营销能力

营销能力是指客户服务代表在处理客户呼入电话和向客户主动打出电话时能否及时把握客户的商业需求及个人需求，并且有满足客户需求的意愿及能力。营销能力要求客户服务代表能够针对客户的需求，及时把握商机，以恰当的营销切入点灵活推荐各类电信产品，做好主动营销、客户挽留等工作，并适时促成成交。

在电话营销中，因为无法全面了解客户的具体情况，也无法面对面地解决问题，很多时候客户服务代表必须依赖良好的营销技巧来克服困难。良好的营销技巧都是从以往的营销经验中总结出来的，客户服务代表在从事电话营销工作的时候，除了充分应用这些营销技巧外，还要学会自我总结，总结出一套更适合自己的营销技巧。

1.2.6　首问责任制

中国电信 10000 号是中国电信对外业务咨询、受理、投诉以及故障上报的唯一热线电话号码。在客户咨询或查询中国电信的业务时，客户服务代表能够在线处理的问题就一定要在线处理，不能推诿，不能让客户去其他渠道或引导客户挂机后再次来电。客户服务代表落实首问责任制可以提高客户满意度。

2　客户服务代表服务礼仪

2.1 服务礼仪基础知识

2.1.1 服务礼仪的含义

服务礼仪是指客户服务代表在工作岗位上，通过言谈、举止等，向客户表示尊重和友好的行为规范和惯例。简单来说，服务礼仪就是客户服务代表在工作岗位适用的礼仪规范和工作艺术。服务礼仪是体现服务的具体过程和手段，使无形的服务有形化、规范化、系统化。

2.1.2 服务的概念

服务是指通过提供必要的手段和方法，满足接受服务的对象的需求的过程。服务意识是培养服务能力的思想基础。

案例 2-1：

客户小 A 考虑很久，想购买 X 型号手机，在线咨询客户服务代表以了解 X 型号手机详情。对话如下：

客户服务代表："您好，很高兴为您服务。"

客户小 A："你好，请问这款手机的机身容量是多少？"

客户服务代表："16G。"

客户小 A："为什么电信版的是 32G 的？"

客户服务代表："版本不同。"

客户小 A："你就是这样回答客户问题的吗？我难道不知道是不同版本？"

客户服务代表："那您需要我怎样回答您呢？不同版本的手机的机身容量都是不同的。"

客户小 A："今天下单什么时间发货？"

客户服务代表："抱歉，我们这边是厂家客户服务代表，只能为您提供产品参数信息，其他问题，比如售后、发货、购买等，您需要咨询电商平台客户服务代表。"

客户小 A 挂机。

最终，由于客户服务代表服务态度不佳，服务用语使用不到位，并出现反问客户问题的现象，客户小 A 选择了购买其他品牌的手机。

案例 2-2：

乔·吉拉德认为，卖汽车，人品重于商品。一个成功的汽车销售商，肯定有一颗尊重普通人的爱心。吉拉德的爱心体现在他的每一个细小的行为中。有一天，一位中年妇女从对面的福特汽车销售商行走进了吉拉德的汽车展销室。她说自己很想买一辆白色的福特车，就像她表姐开的那辆，但是福特汽车销售商行的经销人员让她一个小时之后再去，因此先到这儿来瞧一瞧。

"夫人，欢迎您来看我的车。"吉拉德微笑着说。妇女兴奋地告诉他："今天是我 55 岁的生日，想买一辆白色的福特车送给自己作为生日的礼物。"

"夫人，祝您生日快乐！"吉拉德热情祝贺。随后，他轻声地向身边的助手交代了几句。

吉拉德领着妇女从一辆辆新车面前慢慢走过，边看边介绍。在来到一辆雪佛兰车前时，他说："夫人，您对白色情有独钟，瞧这辆双门式轿车，也是白色的。"就在这时，助手走了进来，把一束玫瑰花交给了吉拉德。吉拉德把这束漂亮的花送给妇女，再次对她的生日表示祝贺。那位妇女感动得热泪盈眶，非常激动地说："先生，太感谢您了，已经很久没有人给我送礼物了。刚才那位福特车的推销商看到我开着一辆旧车，一定以为我买不起新车，所以在我提出要看一看车时，他就推口说要出去收一笔钱，我只好上您这儿来等他。现在想一想，也不一定非要买福特车不可。"

后来，这位妇女就在吉拉德那儿买了一辆白色的雪佛兰轿车。正是这种许许多多细小的行为，为吉拉德创造了空前的效益，使他的营销取得了辉煌的成绩。

服务主导着产品的售出，同样是花钱，客户当然愿意既享受到良好的服务，又能满足对产品的需求，差异化的服务会使客户的选择出现差异。缺少服务意识的客户服务代表对企业来说，意味着企业随时会失去客户。

2.1.3　服务礼仪的具体要求

（1）充满热情。服务礼仪的要求和程序并没有固定的条条框框，只有通过人们的实践才能传达出尊重他人、讲究礼仪、热爱客户的内涵，因此要求客户服务代表充满热情、为人真诚，以赢得客户的信赖。

（2）换位思考。客户服务代表了解、掌握各种礼仪知识固然重要，但更重要的是要站在客户的立场上考虑问题，让客户感到客户服务代表理解了他的心情、感受、处境和困难，缓解客户的愤怒、降低客户的戒备心、增加客户的信任。

（3）积累经验。客户服务工作是和各种不同类型的客户打交道的工作，客户可能来自不同的国家、地区、民族，有着不同的性格、不同的职业、不同的文化程度。因此，客户服务代表要广泛学习各方面的知识，了解各种各样的礼仪习俗，不断吸取有用的经验。

（4）灵活运用。客户服务代表应将服务礼仪规则运用于现实生活，满足客户需要，具体问题具体分析，灵活运用，巧妙安排。

2.2 服务价值

随着时代的发展，服务已变得越来越重要，优质的服务有助于提高客户服务代表的个人素质，有助于更好地对客户表示尊重，有助于提升服务水平与服务质量，有助于塑造并维护企业形象，有助于企业创造出更多的社会效益。

案例 2-3：

乡下的小王在 16 岁时到城里开了一家米铺。那时电话还没有普及，家庭主妇买米时，买多了拿不动，买少了则过不了多久又要买，而且一不留神就会在要煮饭的时候才发现没米了，非常麻烦。米铺老板则是坐等顾客上门才有生意做，也很被动。小王很会动脑筋，想到了一个好方法，碰到顾客上门买米时就问顾客："您要的米我帮您送到您家里好不好？"顾客都会欣然同意。有人愿意免费送米上门当然是求之不得的事了。

从这个案例可以看出：小王的米铺主动送货上门，解决了客户无法多买米的难题，满足了客户的需求，同时进一步拓展了米铺的客源，创造了更多的经济效益，与其他米铺被动等客户上门买米形成了强烈的对比。其原因就在于小王看到了客户的需求，并产生了为客户服务的意识，小王的服务体现出了价值。满足客户需求是企业的制胜之道。

我们可以得知，客户与客户服务的关系是相互的，好的客户服务决定了客户服务代表与客户的友好关系，客户服务代表才可以进一步介绍产品，创造利润。更为重要的是，在这一服务过程中，客户服务代表能够体现自我价值，是客户服务过程的完成者。因此，服务的重要性和服务的价值是相辅相成的，提高客户服务代表的服务意识也会给企业带来利润。

2.3 电话沟通的礼仪

2.3.1 重要的第一声

当我们打电话给某企业时，若电话一接通就能听到对方亲切、优雅的招呼声，心情一定会很愉快，对该企业也会有较好的印象。同样，客户打电话到 10000 号，如果在电话一接通时就听到客户服务代表亲切的问候，也会对中国电信留下好的印象。因此，客户服务代表在服务过程中，应有"我代表的是企业"的意识，力争在重要的第一声中就给客户留下美好的印象。

2.3.2 保持良好的心态

客户服务代表在与客户沟通时要保持良好的心态，客户即使看不见客户服务代表，也会被客户服务代表欢快的语调感染，对其留下很好的印象。面部表情会影响声音的变化，保持微笑就显得尤为重要。客户服务代表不能在接听电话的过程中暴露出自己的不良情绪，更不能把不满的情绪发泄到客户身上，要抱着"客户正在看着我"的心态去服务客户。

2.3.3 端正的姿态和清晰明快的声音

客户服务代表在电话沟通过程中绝对不能吸烟、喝茶、吃零食，即使是懒散的姿势，客户也能够"听"出来。如果客户服务代表在接听电话的时候，斜靠在椅子上，客户听到的声音就是懒散的、无精打采的；如果客户服务代表坐姿端正，身体挺拔，所发出的声音也会亲切悦耳、充满活力。一般情况下，当人的身体稍微下沉、丹田受到压迫时，丹田之音无法发出。大部分人在讲话时运用嗓子和胸腔发声，这样容易口干舌燥，如果运用丹田之音，不但可以使声音具有磁性，而且不会损害喉咙。因此，保持端正的姿势，尤其不要趴在桌面上，这样可以使声音自然、流畅和动听。客户服务代表即使看不见客户，也要当成客户就在眼前，尽可能注意自己的姿势。

客户服务代表要声音温和有礼，表达恳切的话语。客户服务代表的口与话筒间应保持适当距离，适度控制音量，以免客户听不清楚而产生误会，或者因为声音较大而让客户误解为盛气凌人。

2.3.4　认真清楚地记录

客户服务代表接听电话时，了解清楚客户来电的目的，有利于对该电话采取合适的处理方式。客户服务代表应该弄清楚一些问题，如客户本次来电的目的是什么？是办理业务还是咨询或投诉？是第一次来电反映问题，还是重复反映问题？是可以直接回答的问题，还是需要相关部门处理的问题？客户服务代表应该详细记录清楚。记录的内容应包括客户的姓名、联系电话、客户反映的问题以及所涉及的产品号；如果是重复反映，还要记录之前的处理情况。

2.3.5　有效的电话沟通

客户的每次来电都十分重要，客户服务代表不可以敷衍了事。即使对方的问题很无理，客户服务代表也切忌在草率地答复"这不可能的"后就主动将电话挂断。

客户服务代表在接听来电时，语速要快慢适中，语速太快让客户听不清楚，语速太慢又会让客户反感。客户服务代表要表达流畅，不能出现随意应答，以免让客户怀疑真实性。

客户服务代表接听客户来电时，应了解对方来电的目的，如自己无法处理，应认真记录下来并及时回复处理结果。

客户服务代表接到投诉电话时，应委婉解释，并向对方表示歉意或谢意，不可与客户争辩。

客户服务代表拨打电话时要选择客户方便的时间，不要在客户的休息时间打电话（上午七点之前、晚上十点以后以及午休和用餐时间不宜打电话）。同时，客户服务代表要注意控制通话时长，长话短说，简明扼要。

客户服务代表对客户提出的问题应耐心倾听，应让客户能够适度地畅所欲言，除非不得已，否则不能插话、抢话。在通话过程中，客户服务代表可以通过提问来探究对方的需求与问题。客户服务代表注重倾听与理解、抱有同理心、建立亲和力是有效电话沟通的关键。

客户服务代表通过电话与客户交谈事项，应注意正确性，将事项完整地交代清楚，以增加客户的认同，不可敷衍了事。客户服务代表遇到需要查询文件或系统后再告知客户时，不能冷场，应及时向客户说明"请稍等，正在为您查询"，每隔15秒需要回应客户，让客户知道正在查询。查询完毕后，客户服务代表要向客户说"感谢您的耐心等待"。

客户服务代表在交谈中未听清楚客户的问题时需要有礼貌地请客户重复，向客户提问时使用"请"字。

电话接通后，客户服务代表必须在3秒内回应客户，否则迟迟未回应客户，会非常影响客户的感受。

2.3.6　挂电话前的礼貌

当解决或回复完客户提出的问题后，客户服务代表应视客户的回应情况做出合适的反应。当得到客户回应时，客户服务代表可以直接向客户致谢或道别；当未得到客户回应时，客户服务代表要先确认客户是否还有其他问题，然后再向客户致谢和道别，如"请问还有其他业务需要咨询或办理吗？祝您生活愉快，再见"等，不能在自己讲完后就直接挂断电话。另外，客户服务代表可以针对与客户沟通中了解的情况，进行个性化的关怀，如寒流来袭时，可以提醒客户注意保暖；天气转凉时，可以提醒客户添加衣物等，让客户感受到人性化的关怀与服务。

2.4　10000号服务规范用语

电话沟通过程中表现出来的礼貌能够体现出一个人的基本素养。客户服务代表应养成礼貌用语随时挂在嘴边的习惯，从而让客户感到轻松和舒适。客户服务代表在使用服务用语的同时，要减少使用口头禅与方言，更要避免使用服务禁用语。客户服务代表在通话过程中比较容易习惯性使用的口头禅有"这样的话""就是说""比如说""这个这个"；在方言中，有一些表达方式应用在普通话中就会不妥当，这些口头禅与方言都不应带到服务规范用语中。客户服务代表要避免使用服务禁用语，如客户表示要投诉到上级部门时，严禁说"随便你找哪个部门"，应换一种方式说："您的建议和意见我已详细记录，将会转告上级部门，感谢您提出的宝贵建议。"

2.4.1 服务"十字用语"

服务"十字用语"是"请""您好""谢谢""对不起""再见"。

2.4.2 10000号基本服务规范用语

（1）开头语。

"您好，很高兴为您服务。"

"尊敬的星级客户，您好！很高兴为您服务。"

"新年好，很高兴为您服务。"

（2）在沟通前询问客户姓名，使用尊称，或者直接称呼客户。例如，使用"请问先生（女士）贵姓？""方便告诉我您的姓名吗？""请问您怎么称呼？""请问……（客户的联系电话及地址）"。

在沟通时，直接称呼客户的尊称（如××先生/女士……），可以让客户体会到被关注和被重视的感受。如客户对询问姓名有疑问，客户服务代表应回答："询问您贵姓是为了方便称呼您。"

（3）遇到无声电话的情况。

客户服务代表可以说："您好！很高兴为您服务！（稍做停顿）您好！请讲！（稍做停顿）很抱歉，您的电话没有声音或听不到您的声音，请重拨。谢谢您的来电，再见！"

（4）遇到客户声音小而听不清楚的情况。

客户服务代表可以在保持自己的音量不变的情况下说："对不起，我听不清您的声音，麻烦您声音大一些，好吗？谢谢！"

若仍听不清楚，客户服务代表可以说："对不起，我听不清您的声音，建议您换一部电话打来，好吗？谢谢！"

如果客户同意，客户服务代表可以说："谢谢您的来电，再见（过3秒仍听不到声音可直接挂机）。"

（5）遇到客户语速过快的情况。

客户服务代表可以说："对不起，我听得不太清楚，请您说慢一点，好吗？"

（6）遇到客户声音太大而听不清楚的情况。

客户服务代表可以说："对不起，我听得不太清楚，请您的声音稍小一点，好吗？（客户小声后）谢谢！"

（7）遇到电话杂音太大而听不清楚的情况。

客户服务代表可以说："对不起，您的电话杂音太大，我听不清楚，请您换一部电话拨打好吗？感谢您的合作，再见！"

（8）遇到客户讲方言，客户服务代表听不懂的情况。

客户服务代表可以说："非常抱歉，我可以用普通话与您沟通吗？"

当客户继续讲方言，不讲普通话时，客户服务代表可以说："对不起，请问现在您身边有会讲普通话的人吗？"

客户仍坚持讲方言，客户服务代表视实际情况选择以下两种操作方式：

客户服务代表可以说："为了有效解决您的问题，我请懂××方言的同事为您服务，好吗？（客户同意）正在为您转接，请稍等。"

客户服务代表可以说："对不起，请您留下联系电话，我们请懂××方言的同事与您联系好吗？"

（9）遇到客户讲方言，客户能听懂客户服务代表的普通话的情况。

客户服务代表在听懂客户所用方言的基础上，征得客户同意后，继续保持使用普通话。

（10）遇到客户抱怨客户服务代表声音小或听不清楚的情况。

客户服务代表可以稍微提高音量说："您好，请问这样能听得清楚吗？"

（11）没有听清楚客户所述内容，要求客户配合重复的情况。

客户服务代表可以说："对不起，我听得不是很清楚，请您重复一遍，好吗？"

（12）询问客户身份（客户咨询产品信息时，客户服务代表无需询问客户身份）的情况。

客户服务代表可以说："请问您需要办理业务（查询话费、申报故障、投诉……）的电话号码是多少（根据客户的需求灵活选择）？"

如果门户系统显示客户已经输入业务号码，客户服务代表需要主动与客户确认业务号码。

客户服务代表可以说："请问您需要办理业务（查询话费、申报故障、投诉……）的电话号码是×××吗？"

在客户输入的号码跟呼入号码一致的情况下，客户服务代表也可以询问客户："请问您需要办理业务（查询话费、申报故障、投诉……）的电话号码是本机吗？"

客户服务代表可以说："请问机主姓名（根据查询受理鉴权规范，有需要时）？"

客户服务代表可以说："请问机主的身份证号码（根据查询受理鉴权规范，有需要时)？"

（13）验证密码的情况。

客户服务代表可以说："您好，先生（女士）。办理（查询）业务需要验证客户密码，请问您准备好了吗？请您根据语音提示操作。"

（14）需要明确客户查询的问题时，礼貌应对客户提问的情况。

客户服务代表可以说："请问您是要反映（咨询、查询）……对吗？"

（15）需要客户等待的情况。

客户服务代表可以说："现在马上为您查询，请稍候。"

客户等待中途，客户服务代表应适时（每15秒）回应："对不起，正在为您查询，请稍等（视实际情况适当解释原因）。"

如果无法做到每15秒回应客户，客户服务代表可以说："您好，由于您的问题比较特殊，我需要向上级部门核实。可能需要您稍等××分钟，好吗？"客户服务代表征得客户的同意后按静音键。

如果等待的时间超过承诺的时间，客户服务代表要提前取消静音并向客户解释说明。

查询或求助完毕后，客户服务代表可以说："您好，感谢您的耐心等候。"

（16）客户服务代表提供的信息较多，需要客户记录下相关内容的情况。

客户服务代表可以说："请您记录……"

（17）客户服务代表需客户提供资料，但客户暂时无法提供或不愿配合，或者客户提出的需求无法满足的情况。

客户服务代表可以说："先生（女士），非常抱歉，因为……（原因尽量是为客户着想或以不可控因素为主），所以我们无法……建议您可以……或……若有任何问题欢迎随时致电10000号咨询，谢谢！"

案例2-4：

客户服务代表："请您提供证件号码。"

客户："我不记得身份证号码，我就是机主，还要什么证件啊！"

客户服务代表："先生，非常抱歉，为了保障客户的权益，在未验证客户身份的情况下，我们无法受理电信业务，希望您能理解。建议您准备好证件号码后再拨打10000号办理或抽空设置好您的客户密码，便于您以后查询或办理业务，若有任何问题您可随时再致电10000号咨询，谢谢！"

客户服务代表从保障客户利益的角度出发，说明进行身份验证的理由，希望客户理解和配合。

案例2-5：

客户："听说你们有积分兑换活动，你看看现在有什么礼品，帮我兑换一下。"

客户服务代表："先生，非常抱歉，因为10000号没有查询礼品和兑换积分的权限，所以我们无法为您提供这方面的服务，建议您通过网上营业厅查询和兑换，也可亲临营业厅，会有专业人员协助您。若有任何问题欢迎随时致电10000号咨询，谢谢！"

客户服务代表向客户说明无法提供服务的原因是不可控的，然后再给出替代建议或方案。

案例2-6：

客户："我想咨询一下宽带到期后如何收费，但是我忘记宽带账号了，没有固定电话。"

客户服务代表："那您方便提供一下当时办理宽带的证件号码吗？我帮您查询一下。"

客户："那个证件号码我现在也无法提供，只记得是××套餐，我就是想知道一下到期后如何收费，你先回答我问题吧。"

客户服务代表："先生，非常抱歉，为了给您更准确的信息，我们需要您配合提供宽带的相关资料。如果您暂时无法提供，我们也可以先按照您所说的这个宽带套餐帮您查询到期后的收费标准，但是不一定符合您的实际情况。建议您稍后找到宽带账号或证件号码再致电查询。"

客户："不用了，你现在就告诉我吧。"

客户服务代表："好的。您想咨询的是××套餐到期后的收费标准，是吗？"

客户："是的。"

客户服务代表："好的。一般情况下，该套餐到期后的收费标准是……"

（18）客户拨错电话或其他运营商的客户错拨 10000 号的情况。

客户服务代表可以说："很抱歉，这里是中国电信 10000 号。请拨……查询。"

（19）客户咨询的问题属于其他运营商，但中国电信有可替代品的情况。

客户服务代表可以说："对不起，这里是中国电信 10000 号，其实中国电信也有适合您需求的产品及优惠，我给您介绍一下吧。"

（20）客户询问客户服务代表工号或姓名的情况。

①客户询问本次来电的接听工号或姓名时，客户服务代表可以说："我的工号是×××。"若客户坚持要求告知姓名，客户服务代表可以告诉客户公司规定只能通报工号，并说："请您放心，在 10000 号，工号代表的就是我的身份，所以您只要记下我的工号就可以了。"

②客户查询历史来电的接听工号或姓名时，客户服务代表首先应主动了解客户查询的原因并根据实际情况进行安抚。客户服务代表可以说："对不起，由于我们服务不周，给您添麻烦了，请您原谅，您是否能将详细情况告诉我？"

安抚后，客户仍坚持要查询历史来电的接听工号，客户服务代表可以告知（无需身份验证）："您的号码×××在×× （时间）致电 10000 号，接听工号是×××。"若客户坚持要求告知姓名，客户服务代表可以告诉客户公司规定只能通报工号，并说："请您放心，在 10000 号，工号代表的就是我们的身份，所以您只要记下工号就可以了。"

（21）客户提出建议的情况。

客户服务代表可以说："谢谢您提出的宝贵建议，我们会尽快反馈给相关部门，感谢您对我们工作的关心和支持。"

（22）遇到客户向客户服务代表表示感谢的情况。

客户服务代表可以说："不客气，这是我们应该做的。"

（23）遇到客户向客户服务代表致歉的情况。

客户服务代表可以说："没关系，请不必介意。"

（24）客户咨询营业厅的电话的情况。

客户服务代表可以说："您好，营业厅是提供现场服务的场所，所以没有对外公开的服务电话。"（未提供营业厅号码）

客户服务代表可以说："您好，您需要的营业厅号码是×××，请您记录。"（提供营业厅号码）

同时，客户服务代表应主动了解客户要咨询或办理什么业务，如是 10000 号能为客户处理的业务，可以直接受理，否则请客户到营业厅办理。

（25）客户咨询 10000 号人工服务时间的情况。

客户服务代表可以说："您好，10000 号提供 24 小时的人工服务，其中 22：00—08：00 仅提供紧急业务服务。"

如果客户咨询紧急业务范围，客户服务代表应告知客户，紧急业务范围包括故障申告、欠费停机紧急复通、紧急信用度调整、停机及复通、挂失及解挂、客户投诉服务。

（26）相关的专席服务已超过服务时间的情况。

客户服务代表可以说："很抱歉，××专席的服务时间是××：××～××：××，请您明天再来电咨询或办理相关的业务，好吗？"

（27）客户指定找某个客户服务代表的情况。

客户服务代表可以说："我们每一位客户服务代表都可以为您解答问题，请问您有什么业务需要咨询呢？"

（28）客户问题需要转××专席的情况。

客户服务代表可以说："先生（女士），您的问题需要转接××专席处理，我现在为您转接好吗？（客户同意）正在为您转接，请稍等。"

（29）客户要求转班长、客户主管、值班经理等的情况。

客户服务代表可以在停顿 3 秒后说："对不起，现在班长（客户主管、值班经理，可以按照客户的意愿调整称呼）正在与客户通话，请问我有什么能帮到您？"

客户坚持要求转接时，客户服务代表可以说："请稍候，我再为您尝试转接。"

（30）客户表示要拆机或取消××业务的情况。

客户服务代表可以说："请问您是因为什么原因需要办理拆机或取消××业务呢？"

（31）遇到骚扰电话、客户善意的邀约的情况。

客户服务代表可以说："很抱歉，这里是 10000 号服务热线，话务繁忙，如果您没有业务需要咨询或办理，请您挂机。（客户仍不愿意挂机）谢谢您的来电，再见。"

（32）客户话机未挂好的情况。

客户服务代表可以说："您好！请问有什么可以帮您？（稍做停顿）您

好！请讲！（稍做停顿）很抱歉，您的电话没有声音，请重拨。谢谢您的来电，再见！"

（33）通话结束前，客户服务代表应询问客户是否还有其他方面的咨询，可以说："请问您还有其他业务需要咨询或办理吗？"若客户说没有，客户服务代表则说欢送语。

（34）回答完问题后使用欢送语的情况。

客户服务代表可以说："谢谢您的来电，再见""祝您生活愉快，再见""祝您新春愉快，再见""祝您中秋愉快，再见""祝您节日愉快，再见""稍后请对我的服务进行评价，谢谢，再见"！

2.4.3　服务禁用语和服务不规范现象

（1）粗俗和侮辱人的语气或语句。

（2）不耐烦、生硬的语气或语句，如语速故意加快、拖沓等，或者表达不耐烦情绪。

（3）反问语气或语句。

（4）有关电信业务却让客户拨打政府部门的投诉电话。

（5）对企业声誉造成影响的词语。

（6）在整个通话过程中没有提供服务。

（7）服务未结束时就不规范地挂机。

常见禁忌词有"喂""什么""不知道""应该""好像""不可能"。

常见服务禁忌语气有反问语气、质问语气、机械语气、散漫语气、愤怒语气、讽刺语气。

质问语气举例如下：

"我不是告诉过你了吗？"

"不是说……吗？你还不明白？这次听好了！"

"你听不见吗？"

"明白吗？""知道了吗？""为什么？"

"叫什么名字的？"

命令或不耐烦语气举例如下：

"你去×××（地点）或你打×××（号码）问一下好了。"

"你快……""没这回事！""怎么这么烦！""请诚实回答！"

"我告诉你什么来着？你应该做的是……"

"你知道什么！你什么都不知道！"

"你别再问了！别再打这个号码了！"

"我只能这样，没办法了！你必须……"

"你错了，不是这样的！不可能，你把名字和地址给我！"

反问语气举例如下：

"难道你不知道？"

"刚才不是跟你说了吗？怎么又问？"

"你问我，我问谁？"

"什么怎么样？你的意思不是说……"

禁止使用的习惯性语言、俚语等包括"啊""呀""喽""的呀"……

禁止使用侮辱性词语或带有嘲笑、责备的语气等，如"你要这样，我也没办法"。

语言表达技巧是一门大学问。有些服务用语是统一规范的，但更多的服务用语来自客户服务代表自己对语言表达技巧的熟练掌握和娴熟运用，以使整个通话过程带来最佳的客户体验和展现出最佳的企业形象。

3 "听得见的微笑"

3.1　沟通的分类和本质

客户服务代表需要通过电话与不同角色、不同地位的人进行交流和沟通。通过沟通，客户接受、认同客户服务代表所传达的信息。良好的沟通不仅意味着把自己要表达的意思进行适当的表述，使别人明白，而且还要深入人心，促进听者全神贯注。

沟通分为以下三大常见类型：

（1）面对面沟通。

（2）电话沟通。

（3）新媒体沟通（QQ 交谈、微信沟通等）。

10000 号客服热线属于沟通常见类型的第二种，即电话沟通。那么，客户拨打 10000 号是希望获得什么呢？

客户来电的目的如下：

（1）发泄情绪。

（2）渴望被尊重。

（3）反馈问题。

客户服务代表的职责如下：

（1）处理情绪。

（2）表达尊重。

（3）解决问题。

沟通的本质是客户服务代表通过倾听、提问了解客户需求，捕获客户情绪，先处理情绪，再运用专业的表达解决客户的问题，在此过程中让客户感觉被尊重。

3.2　声音要求和运用

电话服务不能面对面交流，客户无法看到客户服务代表的面孔，客户服务代表要向客户展现专业的形象。研究表明，当人们看不到对方时，对方的声音变化决定其说话可信度的 85%。声音能够反映个性，客户服务代表的语音传递了态度，客户会通过声音做出判断。客户服务代表说话的方式与说话的内容同样重要。声音的质量也会对传递给客户的信息产生影响。

优质语音服务的要求包括以下几点：

（1）咬字要清晰，即发音标准，字正腔圆，没有杂音。

（2）音量要恰当，即说话音量既不能太大，也不能太小，以客户的感知度为准。

（3）音色要甜美，即声音要富有磁性和吸引力，让人喜欢听。

（4）语调要柔和，即说话时语气和语调要柔和，恰当把握轻重缓急，抑扬顿挫。

（5）语速要适中，即能让客户听清楚你在说什么。

（6）用语要规范，即准确使用服务规范用语，"请""谢谢""对不起"等不离嘴边。

（7）感情要真挚，即态度亲切，多从客户的角度考虑问题，让客户感到真诚的服务。

（8）心境要平和，即无论客户的态度怎样，客户服务代表始终要控制好情绪，保持平和的心态。

3.2.1　声音要素

（1）让声音抑扬顿挫。声音缺乏抑扬顿挫是不少客户服务代表的常见问题，其语气平平、声调单一，让人无法感觉到欢迎与重视。造成这种现象，有一定原因：第一，不断重复。客户服务代表面对的客户太多，常常又要说同样的话，逐渐丧失了热情。第二，因为不是面对面，缺乏对方的表情反馈也会导致客户服务代表的茫然。克服的方法如下：第一，想象对方是坐在对面的一个具体形象，客户服务代表是在和这个形象交谈，而不是在打电话。第二，找准一些关键词，适当提高语调以表示强调。

（2）通过声音表现热情与自信。一个温和、友好、坦诚的声音能使客户放松，增加信任感，降低心理戒备。

①热情的问候。客户服务代表的问候语是"三段式"的："您好，×××为您服务，请问……"客户服务代表只有在这样的热情问候中，给客户留下很好的第一印象后，才会使客户有进一步沟通的兴趣。

②让客户听到客户服务代表的微笑。热情的展现通常和笑容连在一起。客户服务代表如果还没有形成自然的微笑习惯，应试着练习。这里介绍两种

方法：第一，将电话铃声作为开始信号，只要铃声一响，微笑就开始。第二，照着镜子，时常保持微笑。如果客户服务代表的微笑能一直伴随着与客户的对话，那么客户服务代表的声音会显得热情、自信。

（3）不快不慢的语速。太快和太慢的语速都会给客户各种负面的感觉。说话太快，可能会使客户听不清说的内容；说话太慢，可能会使客户不耐烦。因此，用不快不慢的语速与客户交流是客户服务代表进行声音管理的必修内容之一。另外，有两个方面值得注意：第一，语速因客户而异，也就是说，对快语速的客户或慢语速的客户，客户服务代表都应试图接近他们的语速。第二，语速因内容而异，也就是说，客户服务代表在谈到一些客户可能不是十分清楚或对其特别重要的内容时可适当放慢语速，以给客户时间来思考理解。大部分客户的语速会在每分钟 120 字~140 字，但这不能一概而论，也会有语速偏快或偏慢的客户，因此客户服务代表的语速需要根据客户语速的快慢而变化。

例如，客户来电投诉，意见很大，说话很暴躁，语速稍快，急于表达。客户服务代表应该保持中快的语速，但切忌与客户比语速快。

又如，客户的卡丢失了，客户说话快、反应灵敏，客户服务代表为了表现同理心，急客户之所急，语速需要偏快。

再如，客户在致电咨询套餐优惠时，语速中等，但客户不是专业的，因此客户服务代表在介绍套餐的时候保持适中偏慢的语速，并且要注意合适的停顿，让客户听得清楚，并留下印象。

对于年纪较大的客户，其说得慢、听力差，客户服务代表应适当放慢自己的语速。

（4）不大不小的音量。保持适中的音量会大大增加客户沟通的兴趣。如果客户服务代表的音量微弱，客户听不清在说什么，那么客户服务代表与客户之间的距离就被拉远了。当客户几次要求"请大声一点时"，其与客户服务代表继续沟通下去的兴趣就减少了许多。反过来，如果客户服务代表的声音太大，除了让客户的耳朵感到不适外，还会带进很多诸如喘息声等恼人的杂音。

（5）不高不低的音高。在很大程度上，音高是由个人的声带特质先天决定的。过于尖细或低沉的音高都会让人听起来不舒服，尤其让客户感觉别扭的是性别与音高的互置，即男性的声音尖细而女性的声音粗犷。但是，适当的练习可以使音高趋于适中。存在这方面问题的客户服务代表可以采取下面的练习方法：保持坐姿舒适、呼吸平稳、头不要抬得太高或压得太低，尽量让声音落在音高的中间段，并根据表达内容适当升高或降低。

（6）不偏不倚的音准。为了不让客户漏听重要的信息，客户服务代表在与客户的电话沟通过程中要注意说普通话、咬字准确、发音清晰。

3.2.2 声音运用

通过声音，我们可以把客户分为以下六种，客户服务代表要针对不同的客户采用不同的声音来表达。

（1）傲慢型。对于傲慢型客户，客户服务代表应以中速语速沟通，以尽可能标准和清晰的发音让对方听清楚、听明白。客户服务代表切忌语调、语气、语速与客户保持一致，并展现出冷漠感。

（2）喋喋不休型。对于喋喋不休型客户，客户服务代表应以中速语速沟通，并巧设停顿，适时把握住解决问题的时机。客户服务代表切忌急于抢话、打断客户，或者是无法忍受此种环境下的沟通，以不良语气回敬客户。

（3）优柔寡断型。对于优柔寡断型客户，客户服务代表应以中速语速沟通，并巧设停顿，让客户考虑，并适时把握住解决问题的时机。在客户拿不定主意时，客户服务代表切忌随意敷衍，少用快速语速及疑问语气沟通，避免使客户更加无法判断和决定。

（4）情绪化型。对于情绪化型客户，因为客户情绪激动，所以客户服务代表应该适当地交替运用好快速、中速、慢速语速，这样还可以增加语言的清晰度和节奏感。客户服务代表切忌因无法承受这种意料不到的情况而与客户发生争执。

（5）焦虑型。对于焦虑型客户，客户服务代表应以中速和快速语速沟通，体现出客户服务代表急客户之所急的心情，但要注意话语的清晰度。客户服务代表切忌语速快慢错位、拖拖拉拉，影响交流效率。

（6）普通型。对于普通型客户，客户服务代表应以中速语速沟通，以尽可能标准和清晰的发音让客户听清楚、听明白。客户服务代表切忌表现出敷衍、冷漠等情绪，更不要自始至终一个语调，使客户感到单调乏味。

3.3　沟通的认知

倾听是有效沟通的重要基础，客户服务代表必须学会倾听，因为只有倾听才能学着去了解客户需求并提供最有效的服务。

3.3.1　倾听的层次和原则

倾听是客户服务代表的基本能力，也是沟通与交流的基础。客户服务代表真的会"听"吗？

3.3.1.1　倾听的五个层次

（1）听而不闻。听而不闻，即听到了就像没听到一样，漠不关心，毫不在意。这种现象在客户服务代表身上是比较少出现的。

（2）假装在听。假装在听，即敷衍了事，完全没有认真听；略有反应，其实是心不在焉。客户服务代表出现假装在听的原因是精神不集中、心中有抵触情绪。

如何避免出现假装在听的现象？客户服务代表应该聚焦客户问题，积极调整好自己的心态，避免负面情绪影响工作；利用休息时间听听音乐、看看绿色植物，缓解情绪压力。客户服务代表必须训练自己在倾听时的高度注意力，把其他的思考活动放到休息或下班后的时间去做。

（3）选择性听。选择性听，即人在陈述问题时，倾听者的大脑会先接受对自己有益的和自己感兴趣的信息，其他的信息会被剔除。客户服务代表出现选择性听的原因是没有经过专业训练。

（4）专心倾听。客户服务代表要在倾听的过程中避免出现听而不闻、假装在听和选择性听的情况，就需要时刻保持专心倾听。专心倾听并抓住客户反映问题的重点，会使处理客户问题更快捷。专心倾听，不仅要用耳，而且要用心。客户服务代表如果对谈话内容漫不经心，采取消极被动的态度，左耳进右耳出，那就很难和对方进行沟通，更无法取得较好的谈话效果。

案例 3-1：

客户："我家装了一个宽带，现在马上 9 月份了，要开学了，我就想把这个……"

客户服务代表："您可以把费用缴清，到营业厅直接办理，缴纳每3个月15元的停机保号费就可以了。"

客户服务代表没有做到认真聆听，打断客户的话，应耐心听客户说完后再判断客户的真正需求。

案例3-2：

客户："我昨天打电话来，一个女士告诉我是35元一个月，怎么搞的？"

客户服务代表："我们一直都是每个月20元的。"

（客户服务代表没有因为客户的异议而意识到自己的错误）

客户："那你们昨天怎么说是35元一个月？叫你们领导来！"

客户服务代表："我们的家用固定电话月租一直都是20元呀。"

（客户已质疑，但客户服务代表仍旧没有意识到自己听错了，还在与客户争辩）

客户："什么家用？我是说公司电话！"

客户服务代表一时语塞。

客户服务代表在为客户服务时并没有做到认真倾听，而是带有主观意识，随意揣摩客户心理，以致做出错误判断，造成客户不满。

（5）运用同理心倾听。同理心就是要求客户服务代表将心比心，将当事人换成自己，也就是设身处地去感受、体谅他人。特别要注意，同理心是"将你心换我心"，把自己当成"当事人"，而不单单只是站在对方角度看事情。运用同理心倾听，可以提高客户感知度。

3.3.1.2 有效倾听的五个原则

一名合格的客户服务代表在与客户交流的过程中，既要能控制沟通的局面，又要能跟上对方的思路。这不仅反映了倾听的技巧，而且体现了一个人的修养。倾听与单纯的听有本质上的区别。倾听应该做到听得准确、理解迅速、记得牢固、回应及时、表意清晰。有效倾听应注意以下几个原则：

1. 听问题，察情绪

客户服务代表不仅要听客户反映的问题，还要觉察客户的情绪，更要安抚客户的情绪。

2. 解决客户所有的问题

客户服务代表不能只选择自己能够解决的问题，而忽略自己觉得困难的问题。客户拨打客服电话就是希望可以解决其所有的问题。

3. 理解内涵，不抢话

客户服务代表在倾听的过程中克制抢话的冲动并不是一件容易做到的事情。客户服务代表要克服想教育人的念头，避免自认为是专家，杜绝根据原有经验或为了控制通话时长而打断客户，这样会给人没有受到尊重的感觉。倾听不等于没有客户服务代表说话的机会。在与客户的沟通中，客户服务代表会出现无意识打断客户谈话的情况，这样不仅会干扰倾听，甚至会终止对话交流，无法达到预期的效果。

4. 记录关键词

善于倾听的人，非常注意分清客户表述内容的主次，能够找出客户反映问题的焦点，抓住问题的关键所在。客户服务代表在倾听的过程中应注意记录关键词，捕捉主要信息，以有效收集更多有用的信息。

5. 适时回应

客户服务代表在倾听客户谈话的过程中，要会带着问题倾听，从而更快更好地掌握客户内心真正的想法。客户服务代表可以在倾听客户谈话的过程中自问问题：客户说的是什么？他这样说的目的是什么？客户想从中解决什么问题？客户服务代表应对客户保持适时的回应，表示在认真倾听其问题并且在用心为其解决问题。

3.3.2　提问的方式

客户服务代表在与客户的沟通过程中，可以通过有效的提问来弄清、确认、了解客户的真正意图，理清自己的思路，通过提问，使谈话方向集中，可以让拒绝的客户逐渐变成接受的客户，从而实现顺畅的沟通。

提问的方式如下：

3.3.2.1　开放式提问

开放式提问的答案是多样的，是没有限制、没有框架的，是可以让对方自由发挥的。客户需求或目的不清楚时，客户服务代表可以通过开放式提问引导客户。举例如下：

客户："喂，我要投诉营业厅工作人员。"客户服务代表："请问您要投诉营业厅工作人员什么问题呢？"

3.3.2.2　封闭式提问

封闭式提问的答案是唯一的、有限制的，答案一般包括"是"或"不是"。封闭式提问是在提问时给对方一个框架，让对方只能在框架里选择回答。客户清楚自己的需求，但只是表达不明确时，客户服务代表要通过封闭式提问聚焦客户的问题。举例如下：

客户："请问您是想查询您的电话费清单吗？"

3.3.2.3 探查式提问

探查式提问，即提出的问题是有选择性的，对方回答的内容一般都在提问的选择范围之内。举例如下：

客户服务代表："请问您是想查询电话通话费用还是想查询电话通话记录？"

案例 3-3：

客户服务代表："您好，很高兴为您服务！"

（通过开放式提问，初步了解客户的需求）

客户："我的电话怎么打不了长途呀？"

客户服务代表："哦，打不了长途。先生，请问怎么称呼您呢？"

客户："我姓陈。"

客户服务代表："陈先生，请问是本机号码无法拨打长途电话吗？"

（主动称呼客户姓氏，让客户感受到个性化服务，从而融洽客户关系）

客户："是的。"

客户服务代表："您在拨打的时候，提示语音是怎样的呢？"

（紧扣客户所反映的问题进行提问）

客户："打不通，嘟嘟嘟的。"

客户服务代表："请问您是拨打长途的固定电话还是手机呢？"

（使用探查式提问，从而准确判断问题出现的原因）

客户："都打不了。"

客户服务代表："请您稍等，我帮您查查。"

客户："好的。"

（查询中……）

客户服务代表："陈先生，感谢您的耐心等候，本机号码已经办理了呼出限制加密。"

（在客户等待前后均使用了规范的服务用语，体现了人性化服务）

客户："哦，好像是办了。"

客户服务代表："请问您记得密码吗？"

客户："密码呀？好像是我的生日，你帮我查一下好吧？"

客户服务代表："非常抱歉，我这里是查不到的，您可以先试一下，在您拨打之前先要取消限制，取消的方法是……"

（服务周到，积极主动地告诉客户使用方法）

客户："我试一下。"

客户服务代表："如果不行的话，麻烦您带上机主的身份证到电信营业厅进行核查。"

（对客户的问题提供建议并协助解决）

客户："好的，谢谢你。"

客户服务代表："不用谢，请问您还有其他问题吗？"

客户："没有了。"

客户服务代表："请别挂机，稍后请对本次服务进行评价，满意请按1，谢谢！"

（真诚祝福客户，体现服务的亲情化）

本次服务中，客户服务代表亲和力好，沟通能力强，善用提问来了解客户信息，有效控制了通话时长；对电信业务非常熟悉，为客户提供了非常专业、全面、正确的解释。

3.3.3 表达的技巧

客户服务代表开始与客户进行电话沟通时，语言应该从"生活随意型"转到"专业型"。在家中或在朋友面前，人们可以不需要经过考虑而随心所欲地展现性格特点。在客服电话沟通中，客户服务代表必须注意合适的修辞、用语与发音的习惯、表达的逻辑性、说话的清晰度、用词的准确性。当对客户服务代表的专业能力了解不多的情况下，客户会通过客户服务代表的谈话方式，包括语音、语调等因素来判断其是否专业。

3.3.3.1 条理清晰

条理清晰的原则可以概括为自下而上思考、自上而下表达；纵向总结概括，横向归类分组。

自下而上思考、自上而下表达的举例说明如下：

当人有很多素材的时候，要从中找到自己想要表达的中心思想，这是一个思考的过程，即自下而上思考。

在表达的时候，人们首先说思考出来的中心思想，也就是结论，然后说支持这个结论的几个分论点，最后再说论据，即自上而下表达。

客户服务代表不能一上来就跟客户说客户服务代表自己的思考过程，那样不利于客户理解，应采用自上而下表达，从而满足不同层次客户的需要，高效地向客户传递想要表达的信息。

纵向总结概括，横向归类分组的举例说明如下：

纵向总结概括，即上级论点是下级论点的总结概括，在纵向上使用归纳法。

对于横向论点的阐述，客户服务代表可以使用以下四种方法：

①时间顺序法，即按照时间先后顺序阐述。

②结构顺序法，即按照结构顺序阐述，无一遗漏。

③程度顺序法，即按照最重要、重要、不重要的顺序阐述。

④演绎法，即按照推理的步骤提出论点。

3.3.3.2　委婉正面的表达

客户服务代表在保持积极的态度的前提下，在沟通用语上也应当尽量选择体现正面意思的词，让客户更有信心使用本公司的产品。举例如下：

习惯用语：对客户询问的某项业务不清楚、需要在系统咨询库里查询，习惯用语："我帮您查一下。"

专业表达："您的问题正在查询中，请稍等。""您的问题我查一下，请稍等。"

3.3.3.3　"我"代替"你"

有些专家建议，客户服务代表在沟通时应尽量使用"我"代替"你"，因为后者常会让人感觉有命令的语气。举例如下：

习惯用语："不对，你说错了，不是那样的！"

专业表达："对不起，可能是我没有说清楚，请允许我再解释一遍，好吗？"

3.3.3.4　"您可以……"代替"不"

一个人婉转地说"不"时，往往会得到别人的谅解。设想一下，如果别人对你说了下面的话，你会有何感想："今天不行，您必须等到明天才能办理。"婉转一点的说法是："您可以明天去营业厅办理。"人更乐于听到自己可以做什么。

客户服务代表在与客户的沟通中使用"您可以……"会使工作更容易。

3.3.3.5 同理心

客户服务代表在电话沟通中通过同理心的表达可以让客户感到客户服务代表理解了其心情、感受、处境和困难，缓解客户愤怒的心情、降低客户的戒备心、增加客户对客户服务代表的信任。

（1）表达同理心的时机如下：

①客户来电进行投诉时。

②客户表达不满时。

③客户表达愉快心情时。

（2）表达同理心的方法如下：

①同意客户的需求是正确的。

②陈述该需求对其他人一样重要。

③表明该需求未被满足所带来的后果。

④表明自己能体会到客户目前的感受。

（3）表达同理心时的注意事项如下：

①不要太急于表达。

②声音与表情、动作要协调一致。

客户服务代表要做到自然流露地表达同理心，不能表现出不自然和牵强，让人感觉是在敷衍，这样反而会引起客户的反感，加剧客户的不满。

案例 3-4：

客户："我前几天就反映过我家的电话只能拨打不能接听，你们怎么回事，说 24 小时处理，现在还没有处理，你们怎么搞的？"

客户服务代表："（沉默）我会尽快催一下，您再耐心等待一下。"

（未及时回应客户，没有及时诚恳地向客户致歉，并承担责任，未表达同理心）

客户："希望今天能处理好。"

客户服务代表："我不能答复您能不能处理好，我会帮您催一下。"

（对客户的合理要求继续敷衍，仍旧拒绝向客户表达同理心）

客户："我要的是速度，都几天了还没有好，我有很多业务电话。"

客户服务代表："好的，我现在帮您催一下。"

（仍旧不搭理客户的合理要求，语气不诚恳、漫不经心）

客户很不满意，"啪"的一声挂断了电话。

本次服务存在的主要问题是客户服务代表在客户表示不满时，不能够及时主动地向客户表达同理心，导致客户极不满意而挂机。

客户服务代表可以换一种方式沟通。

客户："我前几天就反映过我家的电话只能拨打不能接听，你们怎么回事，说24小时处理，现在还没有处理，你们怎么搞的？"

客户服务代表："非常抱歉，给您添麻烦了，请问先生贵姓？"

（及时向客户表示歉意，同时对客户的急躁心情表示理解）

客户："姓王。"

客户服务代表："您好，王先生，您能将您的电话号码告诉我吗？我现在查询一下处理进度好吗？"

客户："×××（电话号码）。"

客户服务代表："王先生，我查询了一下，您的电话正在维修过程中，请您稍等，我们会尽快为您处理好。"

客户："我要的是速度，都几天了还没有好，我有很多业务电话。"

客户服务代表："王先生，电话不能正常使用一定很不方便，您放心，我们一定会尽快处理。"

（表现出积极处理问题的态度，表明客户服务代表能体会客户目前的感受）

客户服务代表通过同理心的表达让客户感到客户服务代表理解了他的心情、感受，缓解了客户的急躁情绪。

此外，客户服务代表在与客户沟通中，应化专业为通俗和注意用语规范。

3.4 用声保护

客户服务代表保护自己的声音是非常重要的。客户服务代表应做到经常锻炼身体，预防感冒；注意休息，睡眠充足；良好的饮食习惯；不要模仿他人的声音。

（1）每天用淡盐水漱口，可以防止声音嘶哑。

（2）咽喉痛时，用少许盐加开水代茶饮用，有一定的缓解作用。

（3）在空腹或用餐过饱的状态下不宜用声工作。空腹会使人感到体力不支、底气不足；过饱会造成吸气不足、发音气短。

4　服务规范及常见场景

4.1 10000 号深圳区域中心通用应答指引、解释口径

4.1.1 服务类

（1）因各类争议问题，客户要求找领导接电话（或要求提供上级领导或部门的直线电话），否则不挂机。

客户服务代表可以说："我理解您现在的心情，如果您有什么要求，我们会记录下来，并向我们相关的领导反馈，届时我们会给您一个最终答复。"

（2）客户提出的一些苛刻的需求，无法满足。

客户服务代表可以说："抱歉，我明白您的意思，但是根据我们目前的情况，确实无法提供相应的服务，对此我们深表歉意，我们会不断完善我们的服务，十分感谢您使用中国电信的业务。谢谢！"

（3）客户来电投诉客户服务代表的服务态度差。

①道歉。客户服务代表可以说："对于同事给您带来的不便，我们深感抱歉。"

②表示对此事的重视。客户服务代表可以说："我们会立即将此事反馈到我们的上级部门。"

③表明会处理。客户服务代表可以说："我们会按照内部考核规定进行严格处理。"

④表示感谢。客户服务代表可以说："非常感谢您提出的宝贵意见，我们将竭力改进！"

（4）客户来电投诉时，要求提供电话录音。

客户服务代表可以说："您好，我们的录音只作为内部处理服务问题和保证服务质量的参考，不对外提供，请您谅解。如果您有何疑问，请尽管跟我们说，我们会记录下来，并为您全面核实。"

（5）客户咨询通话录音的问题。举例如下：

客户："我的这次通话是否已被录音？"

客户服务代表："通话的录音是由系统随机抽样进行的。"

客户："你能不能把录音调出来给我？"

客户服务代表："很抱歉，录音只作为我们内部处理服务问题和保证服务质量的参考，不对外提供。"

（6）客户强烈要求到 10000 号办公现场处理问题。

客户服务代表应先了解客户需求，对在线可以处理的应在线处理，对在线无法处理的则下工单到后台。如果客户强烈要求到 10000 号办公现场处理问题，客户服务代表应统一解释："我们 10000 号只是一个电信的对外窗口，主要负责收集和反馈客户的问题，具体处理是由我公司其他部门负责的，所以您来现场和通过电话反映一样，我们都会为您处理的。同时，我们的办公地点离市区比较远，专门来一趟可能会浪费您的时间和路费，请相信，我们一定会将您的情况向相关部门反映的。"

（7）客户要求夜间故障维修而不能满足。

客户服务代表可以说："很抱歉，出于安全等各方面的考虑，我公司暂不提供晚间上门维修服务，敬请谅解。"

（8）遇到客户不停抱怨。

客户服务代表应尽量避免一直单一地重复"很抱歉"，可以说："先生（女士），我非常理解您的心情，请您别着急，我会尽量帮您解决，好吗？"或者可以说："很抱歉，给您的使用带来不便，我现在立即为您处理！"

（9）除明显的骚扰电话或客户没挂好电话的情况下可以主动挂机，其他情况，如面临一般咨询或投诉类电话，客户服务代表一律不准主动挂机。

如果确定为骚扰电话，客户服务代表可以说："很抱歉，这里是 10000 号服务热线，话务繁忙，如果您没有业务需要咨询或办理，请您挂机。"

如果客户仍不愿意挂机，客户服务代表可以说结束语后主动结束本次通话。例如，客户服务代表可以说："谢谢您的来电，再见。"

如果确定客户电话未挂好，客户服务代表可以说："您好！请问有什么可以帮您？（稍做停顿）您好！请讲！（稍做停顿）很抱歉，您的电话没有声音，请重拨。谢谢您的来电，再见！"

（10）客户来电表扬客户服务代表。

客户服务代表在与客户沟通的过程中，当客户提出要表扬或感谢本次接听他电话的客户服务代表时，客户服务代表首先要按规范用语回应："不用谢，这是我应该做的！"如果客户仍坚持要给予表扬的，客户服务代表应回应："感谢您对我工作的肯定，我会将您的宝贵建议记录下来，交给上级管理部门。"在客户挂机之后，客户服务代表应将录音号交给班长，班长接到反馈后根据客户服务代表与客户沟通的情况进行评估。对客户服务代表在业务及服务亲和力方面确实值得表扬的，再向上传递。

（11）需要请求客户谅解。

客户服务代表可以说："很抱歉，请您谅解。"

（12）客户要求转接班长、主管、经理等。

客户服务代表可以说："很抱歉，现在班长（主管）正在与客户通话，我先帮您把问题记录下来可以吗？"

（13）在通话中，如客户需要寻找资料，且时间较长。

客户服务代表应先告知客户需要提供什么资料，再告诉客户会在 15 分钟之内主动致电联系。

这样处理的主要目的是不要让客户因查找资料而占用过长的通话时长，要把握主动权，事后必须再次联系客户以解决问题，避免出现事后遗漏、未联系客户而引起投诉。

客户服务代表可以说："先生（女士），为了不耽搁您的宝贵时间，您先去准备好相关资料，我会在 15 分钟内主动打电话，并给您办理。"

（14）对于客户在通话中去接听其他电话，而造成长时间不能回应的情况。

如果客户让客户服务代表等待的时长超过 10 分钟，客户服务代表确定无法与客户正常对话时，可以按规范用语回复后先行挂机。

客户服务代表可以说："很抱歉，先生（女士），由于长时间无法与您对话，如果您还有业务需要咨询或办理，欢迎您再次致电 10000 号，谢谢您的来电，再见！"

（15）客户来电咨询用国际直拨电话拨打中国电话时的国家代码。

客户服务代表可以说："中国的国家代码是 86。不同的国家都有不同的电信运营商，所使用的网络也不一样，所以您在国外拨打中国电话时，要咨询所在国家的电信运营商，以当地的接入码+86 来拨打电话。"

（16）客户对声讯费（代收费）有争议。

客户服务代表可以说："请问您的电话是否只有您一个人使用？您是否了解了家庭其他成员包括小孩是否有拨打过此类声讯电话（例如，点歌热线、聊天热线或订购 Q 币等声讯电话）？为防止电话无故产生声讯费，建议您查询清单。如果您不再需要声讯电话服务，可以通过网上营业厅或 10000 号语音导航限制声讯服务，避免日后产生不必要的费用。"

（17）客户询问客户服务代表工号或姓名。

客户服务代表可以说："我的工号是××。请您放心，在 10000 号，工号代表的就是我的身份，所以您只要记下我的工号就可以了。"

（18）客户责怪客户服务代表动作慢、不熟练。

客户服务代表可以说："很抱歉，让您久等了，我会尽快帮您处理。"

（19）客户投诉客户服务代表态度不好或客户服务代表工作出差错。

客户服务代表可以说："很抱歉，由于我们服务不周，给您添麻烦了，请您谅解，您是否能将详细情况告诉我？"

（20）客户来电找指定工号客户服务代表。

客户服务代表先引导客户说出需求，尽量在线处理。客户服务代表可以说："您好，请问您找××工号需要办理什么业务？我这里也同样可以为您服务。"

①如果客户说明原因，客户服务代表判断可以在线解决则无须登记，在线为客户处理；判断需指定人回复则解释："我会记录您的信息并进行转达，因不确定××工号是否在岗，可能无法及时给您回复，请您谅解。"

②如果客户不肯说明原因，坚持要求指定人员回复，客户服务代表可以说："很抱歉，因接话座席不具备电话呼出功能，不确定是否能及时解决您的问题，请见谅。"

（21）客户咨询 10000 号人工服务时间。

客户服务代表可以说："您好，10000 号提供 24 小时的人工服务，其中22：00~8：00 仅提供障碍报修、号码挂失等紧急服务。"

（22）下工单时，客户服务代表对于回复时限的应答（如客户没有追问则不用主动说明回复时限）。

客户服务代表可以说："您的问题已经记录下来，我们将会以电话的方式给您回复，请您留意。"如果客户追问具体回复时限，客户服务代表可以答复："会有专人在 48 小时内给您回复。"

（23）客户来电要求查询固定电话的呼入记录（清单）。

客户服务代表可以说："很抱歉，由于固定电话的交换系统不支持被叫清单的记录，因此暂时无法提供固定电话的呼入记录查询。"

（24）客户提出要投诉与其通话的客户服务代表，认为其态度不好或工作出差错。

客户服务代表应先向客户道歉："很抱歉，刚才是我的疏忽，请您谅解。"之后，客户服务代表应尽量安抚客户，如果客户仍坚持要投诉或反馈，按客户要求，如实下工单以反馈。最后，客户服务代表应向客户表示感谢："先生（女士），您的要求我已如实记录下来，给您带来不便，我再次表示歉意，也感谢您的宝贵意见，我将竭力改进！"

（25）客户拨打 10000 号误入其他地市。

客户服务代表可以说："先生（女士），您的问题需要转接××专席处理，我现在为您转接好吗？（客户同意）正在为您转接，请稍等。"

（26）客户投诉历史来电的接听客户服务代表服务态度不好，并要求其本人回复。

客户服务代表应先向客户道歉："对不起，由于我们服务不周，给您添麻烦了，请您原谅，我这里也可以受理您对中国电信任何方面的投诉，您是否能将详细情况告诉我？"

之后，客户服务代表应尽量安抚客户，如果客户仍坚持要原客户服务代表回电，按客户要求如实录入工单。

最后，客户服务代表应向客户表示感谢。

如果客户要求在指定时间内回复，客户服务代表可以说："先生（女士），您反映的情况我已详细记录下来，因不确定××工号是否在岗，可能无法在您要求的××（时间）联系，但我们会尽快给您答复，谢谢您对我们工作的理解和支持！"

如果客户没有指定回复时间，客户服务代表可以说："先生（女士），您反映的情况我已详细记录下来，请您放心，我们会尽快给您答复，谢谢您对我们工作的理解和支持！"

4.1.2　系统类

（1）进行短信推送。

①客户是手机来电。客户服务代表可以说："稍后我把××业务以短信形式发送到您的来电号码上，如果未能成功接收，请您再次致电 10000 号（如果客户同意就直接发送）。"

②客户是固定电话来电。客户服务代表可以说："请提供一下您接收短信的号码，可以吗？"

（2）验证密码。

客户服务代表可以说："您好，先生（女士）。办理（查询）业务需要验证客户密码，请问您准备好了吗……请您根据语音提示操作。"

（3）查找知识库或求助在线支撑，需要静音。

客户服务代表可以说："先生（女士），正在为您查找（核实），请不要挂机，稍后您会听到一段音乐！"

4.1.3　业务类

（1）遇到不明确的业务问题。

客户服务代表可以说："先生（女士），很抱歉，您的问题我们需要向上级反馈并进一步核实，请您留下您的联系电话，我们在核实完毕后将尽快与您联系。"

（2）客户反映给客户服务代表的资料与其他媒介提供的资料不同。

客户服务代表可以说："很抱歉，我们暂时没有收到相关的资料，建议您过些时候再来电查询，谢谢您对我们业务的关注。"

（3）遇到没有线路资源，客户表示为什么长时间不联系装（移）机。

客户服务代表可以说："由于您申请装（移）机的地方暂没有线路资源，我们已在增加资源设备，会尽快为您提供装（移）机服务，请您谅解。"

（4）对于来电办理业务的内部员工，若其无法提供密码，却强烈坚持要求为其直接办理。

客户服务代表可以说："您好！10000号是电信对外服务的窗口，无论您是来自哪里的客户，我们的服务规范都是一致的。所以，麻烦您准备好客户密码之后再致电10000号办理。感谢您对我们工作的配合！"

（5）公安局来电要求提供录音文件、通话清单。

客户服务代表可以说："很抱歉，10000号目前暂时无法受理这类业务，您可以移步至我公司的安保部申请。不便之处敬请谅解！"

（6）客户来电查询清单。

客户服务代表可以说："为保障您个人通信的隐私与安全，10000号无权查询您的清单，您可以登录网上营业厅或前往营业厅查询，谢谢您的理解与合作。"

（7）客户提出意见或建议。

客户服务代表可以说："谢谢您的宝贵意见（建议），我们会将您的意见（建议）向相关部门反映，感谢您对我们工作的关心和支持！"

（8）客户拨打 10000 号求证某号码或人员是否属于中国电信。

客户服务代表可以说："很抱歉，10000 号无法确认这些行为的真实性，请您谨慎考虑，如要咨询或办理业务，请按正常途径拨打 10000 号、登录网上营业厅、移步至营业厅，或者直接找您在中国电信所属的客户经理。"

（9）客户查询新装、迁移流程。

如果客户查询新装、迁移电话的配号，那么客户服务代表在告诉客户新配号码时，也要提醒客户，因线路、设备等原因，所配号码有可能会更改，最终号码以装机时为准。

（10）客户来电要求与中国电信合作业务。

客户服务代表先按照知识库的申请指引引导，对于知识库没有申请指引的业务，统一应答："抱歉，您提出的问题非 10000 号业务范围，10000 号无法为您解答。"

4.1.4　故障类

（1）大面积故障。

客户服务代表可以说："很抱歉，该地段受到施工影响，我们正在处理，给您带来不便，请您谅解！"

（2）网络故障被证实前。

客户服务代表可以说："对于您所反映的问题，我们已接到同类客户的报修，我们的专家正加急核查原因并处理。请您稍候再试或再致电 10000 号查询，谢谢！"

（3）网络故障。

客户服务代表可以说："很抱歉，您所在区域的网络出现短暂故障，我公司正在加紧抢修，请稍后再拨。不便之处，请您谅解！"

（4）故障突发话务应急处理。

客户服务代表可以说："很抱歉，（××区）系统在运行中出现了一些故障，我们正在进行紧急抢修，将会尽快恢复正常使用，请您谅解！"

（5）客户催促故障维修。

客户服务代表可以说："很抱歉，先生（女士），对于您反映的故障问题，我们正在为您处理，请放心。"

4.2 常见咨询场景

（1）客户来电反映自己接到电话（短信）说中国电信有××优惠活动，询问是否有此活动或如何办理。

外呼号码为 10000 号或区号+10000 号时：

①知识库有相关内容，客户服务代表按知识点指引应答。

②知识库无相关内容，客户服务代表向客户解释："我们暂没收到相关活动的通知，建议您稍后再致电查询。"

外呼号码为其他号码时：

①知识库有相关号码，客户服务代表按知识点指引应答。

②知识库无相关内容，客户服务代表向客户解释："您好，对于您所描述的内容，我们暂时无法查询到相关资料，建议您留意其中是否注明其他客服方式，同时温馨提醒您，请按正规途径办理电信业务，谨防诈骗。"

（2）客户来电反映自己收到传单说中国电信有××优惠活动，询问是否有此活动或如何办理（含现场摆摊、小区或小范围派发宣传单等）。

①知识库有相关内容，客户服务代表按知识点指引应答。

②知识库无相关内容，客户服务代表向客户解释："您好，对于您所描述的内容，我们暂时无法查询到相关资料，建议您按照传单上所介绍的联系方式进行咨询，同时温馨提醒您谨防诈骗。"

（3）客户来电反映收到电视广告或电台广播说中国电信有××优惠活动，询问是否有此活动或如何办理。

①知识库有相关内容，客户服务代表按知识点指引应答。

②知识库无相关内容，客户服务代表向客户解释："我们暂没收到相关活动的通知，建议您稍后再致电或以电视（广播）上所介绍的内容为准。"

（4）客户来电反映收到微信、微博或网上营业厅等中国电信官方渠道有××优惠活动，询问是否有此活动或如何办理。

①知识库有相关内容，客户服务代表按知识点指引应答。

②知识库无相关内容，且证实消息是中国电信官方渠道的，客户服务代表向客户解释："感谢您的支持，中国电信为感谢广大客户会不定期开展相关的优惠（促销）活动以回馈客户，但目前我们暂未收到相关活动的通知，建议您稍后再致电查询或可按照微信、微博、网上营业厅所发布的信息参与活动。"

5　投诉处理技巧

5.1 投诉知多少

5.1.1 投诉的定义

什么是投诉？投诉是客户出于对产品质量问题、服务态度等各方面的原因，向相应主管部门反映情况、检举问题，并要求得到相应的补偿的一种手段。投诉的表现是客户对商品或服务不满而引起的抱怨。投诉的本质是客户对企业的信赖度与期待度的体现。

客户投诉是指客户对公司的产品质量或服务表示不满，做出提出书面或口头异议、抗议、索赔、要求解决问题等行为。客户投诉包括现场可即时办结的投诉和现场不能即时处理、办结的投诉。按照投诉渠道来源的不同，客户投诉可分为省内投诉、集团级投诉和申诉。按照投诉问题性质的不同，省内投诉、集团级投诉可进一步细分为普通投诉、重复投诉和重大投诉。

省内投诉是指省分公司及属地分公司各类渠道受理的客户投诉。

集团级投诉是指各类集团级渠道受理的客户投诉。

申诉是指客户向政府监管部门和行业协会（如工业和信息化部、各省通信管理局、消费者协会、市民热线等）反映问题，寻求解决问题的行为。

重复投诉是指客户的同一业务号码在投诉工单归档后 30 天内再次发生的投诉。

重大投诉是指群体投诉、客户的投诉问题可能或已经引起较大舆情的投诉。

5.1.2 客户投诉的意图

客户往往希望通过投诉使他们的问题得到重视，同时得到相关人员的热情接待，从而获得优质的服务，最终使问题得到圆满解决。

我们可以将客户投诉的意图分为以下三种：

（1）希望被关心和重视。客户通过投诉，希望得到别人的关心和关切，希望自己受到重视和善待。

（2）使存在的问题得到快速解决。客户需要的是迅速与彻底的反应，而不是拖延或沉默。客户希望听到"我们会加急处理，优先处理您的问题"或"如果我无法立刻解决您的问题，我会告诉您我们处理的步骤和解决问题的时间"。

（3）今后服务的期望。客户投诉，是希望在今后的使用中不再出现各类的问题，甚至是希望可以得到更好的服务。

5.2 投诉的常见种类

从表面上看，客户投诉的原因很多，但最根本的原因是客户没有得到预期的产品或服务，即实际情况与客户期望存在差距。即使企业的产品和服务已达到良好水平，但只要与客户的期望有距离，投诉仍有可能发生。中国电信的常见投诉可以分为以下三类：

（1）业务原因投诉，即客户认为某些业务的政策和规则不合理，从而导致投诉。举例如下：

①融合套餐任一终端停机，套餐费照常收取。

②装机时限问题。

③故障修复时限问题。

（2）客户服务代表原因投诉，即客户服务代表因个人因素引发客户投诉。举例如下：

①服务态度不佳（如客户服务代表使用了不恰当的语言、语气等）。

②业务不熟（如客户服务代表给了客户错误的信息等）。

③应答技巧欠佳（如客户服务代表说话技巧不足，向客户解释不清楚或引发客户更大的不满等）。

（3）客户原因投诉，即客户因自身情绪、主观想法未得到满足或认同而引起的投诉。举例如下：

①客户因个人原因无法装机或未预约提前装机等。

②客户带着不良情绪拨打 10000 号。

③客户的个人标准与中国电信的相关规定不相符。

5.3　投诉处理的原则和步骤

5.3.1　投诉处理的原则

客户服务代表在处理客户投诉时应遵循以下原则：

（1）先处理心情、后处理事情的原则。

激动的情绪不利于人做任何事情，如果客户在投诉时，情绪非常激动，客户可能根本没办法客观地就事论事。客户服务代表应先安抚客户的情绪。因此，先处理心情、后处理事情的原则是处理投诉的首要原则。

（2）首问负责制，不推诿、不怀疑的原则。

10000 号作为中国电信对外的服务窗口，代表的是中国电信。当客户向客户服务代表投诉问题时，如果是职责范围内的事，客户服务代表需要在第一时间承担下来，但对于不在职责范围内的事，也不能推诿，应该记录客户的投诉问题，进行内部协调。

（3）处理问题先于原因核实的原则。

当客户向客户服务代表反馈问题时，客户服务代表应该先为客户处理当下问题。对于问题产生的原因，客户服务代表应在处理客户问题后再进行核实。

（4）客户满意的原则。

我们所讲的种种原则，就是为了让客户满意，因此客户满意的原则是我们的最终原则。

5.3.2　投诉处理的步骤

5.3.2.1　处理好心情

客户服务代表应通过自己良好的心态及应答技巧来处理客户的投诉。在处理投诉时，客户服务代表应先调整好自己的情绪，否则容易被客户的情绪带着走，从而影响投诉的处理效果。

在处理投诉时，客户服务代表应明确两个问题：第一，客户投诉的不是你个人；第二，生气是在用别人的错误来惩罚自己。

5.3.2.2　用心倾听

用心倾听要求客户服务代表应多倾听，少说话；多认同，少争辩；换位思考；分清事实和客户的感受；适时回应，做好记录。

5.3.2.3 情绪先安抚

前已述及，投诉处理的原则之一是先处理心情、后处理事情。任何事情，如果带着情绪去处理，那么或多或少会影响其客观性，因此，客户服务代表在处理客户投诉之前，应该先安抚客户的情绪，了解客户的情况，应先接收客户反馈的情绪，然后需要向客户真诚地道歉，并认同客户的感受。

客户服务代表可以遵循以下步骤：

客户服务代表表示接受："我很愿意为您解决问题！"

客户服务代表表示道歉："对您的不便，实在非常抱歉！"

客户服务代表表示认同："我非常理解您此时的心情和感受。"

除此之外，客户服务代表可以说："先生（女士），我们非常理解您此时的感受，我们尽快将您反映的问题处理好，给您带来的不便我们感到非常抱歉。"

5.3.2.4 客户问题定位，查找关键字

客户在投诉时，往往会有很多的抱怨，其中有些可能只是情绪上的发泄，客户服务代表要学会快速定位客户的问题，并找出投诉的关键点，想明白客户反馈的内容，总结客户问题的中心思想。投诉的关键点一般是在通话中提及较多的内容，如人、物、时间、所涉及业务……

5.3.2.5 投诉问题确认

为了保证客户服务代表准确理解客户的投诉和提高客户的满意度，在通话最后，客户服务代表需要就客户的投诉问题做一个复述。客户服务代表经常使用的确认方式有复述式提问："您的意思是……？"或者澄清式提问："我没理解错的话，您的意思是不是……？"

5.3.2.6 制订合理的方案

合理的方案应该满足以下要求：尽可能形成可选方案或建议；确保方案可行性，力保"双赢"；提出暂时建议并说明建议的好处；告诉客户日后同类问题的处理方式。

5.3.2.7 让我们达成共识

客户服务代表给出解决方案，并向客户分析方案的好处，目的就是让客户接受给出的方案，最终达成共识。

5.3.2.8 提升客户满意度

客户此次投诉的问题虽然成功解决了，但客户服务代表还应该为提升客

户满意度做最后的努力。客户服务代表可以向客户表示关怀，以此提高客户满意度。

客户服务代表可以说："您的问题我们会马上反馈上去，请您放心！"

客户服务代表可以说："感谢您对中国电信提出的宝贵意见，我们会竭力改善！"

客户服务代表可以说："您的问题我们一定会重视起来……"

案例 5-1：

客户反映申请的电话都安装好一个星期了，费用也交了，但电话一直不能使用。

客户服务代表从倾听开始。

客户："我家的电话都安装好一个星期了，费用也交了，为什么电话还不通……"

注意：在客户反映问题时，客户服务代表应及时进行相关界面的查询，对客户的相关资料在系统上进行查询（如安装时间、流程状态等），通过倾听和查询了解客户反映的问题。

客户服务代表应对客户进行安抚。

客户服务代表："很抱歉，给您带来了不便。"

针对客户反映的情况，客户服务代表应表示歉意，平息客户的心情。

客户服务代表应进行问题复述。

客户服务代表："先生，我想确认一下……"（确认电话不能使用的相关问题，进行预处理）

通过对客户问题的复述，一方面可以对倾听的工作进行验收，确保真正了解了客户的问题；另一方面也可以显示对客户的尊重。

客户服务代表应表达同理心。

客户服务代表："先生，我们非常理解您此时的感受，电话装好后一直不能使用，给您带来了不便，我们感到非常抱歉。"

对客户表达歉意是非常重要的。说声"对不起""很抱歉"并不一定表明客户服务代表或公司犯了错误，主要表明对客户不愉快经历的遗憾与同情。毕竟，客户的电话无法使用是事实。

客户服务代表表示提供帮助。

客户服务代表："您的问题，我们已经记录下来，我们会尽量在最短时间内为您处理好，您可以随时拨打 10000 号进行查询，好吗？"

客户服务代表应使用肯定的语句，告知客户能为其解决问题，让客户安心，感到安全、有保障，从而进一步消除对立情绪，取而代之的是依赖感。

客户服务代表应使用正确的结束语。

客户服务代表："请问还有什么需要帮助您的吗？（确定客户无异议后）感谢您的来电，祝您生活愉快，再见。"

结束来电时，客户服务代表应再次咨询客户有无其他问题，在确定无其他问题的情况下，可使用正确的结束语，挂断电话。客户服务代表说结束语时，语速不宜过快，以防客户感觉客户服务代表之前做出的一些承诺都是敷衍，反而引起客户的不满。

案例 5-2：

某客户在向 10000 号咨询聊天短信 96188 是否收费及如何取消的过程中，与受理人员发生了激烈争执。通话过程中，线路突然中断，客户认为是客户服务代表强行挂断电话，并因此向上级主管部门提出申诉。

客户服务代表："您好。请问您是××先生吗？"

客户："是的。"

客户服务代表："我是 10000 号服务督导，负责公司服务投诉管理。您昨天向省电信管理局投诉了我台××号服务态度不好，是吗？"

客户服务代表主动向客户介绍自己的身份，介绍自己主要负责的工作，从而获得客户的信任和重视。一般来讲，客户对职位较高的客户服务代表更加信任。

客户："是的。"

客户服务代表："对于您的投诉，我们领导非常重视，指示我们一定要认真调查，并严肃处理。今天我给您打电话的主要目的，一是了解一下当时的情况，我们不会单方面听我们客户服务代表的一面之词；二是希望能妥善解决您的问题。"

客户服务代表介绍自己的来意，向客户表达中国电信解决客户问题的诚意，使客户感到被理解和尊重，给客户优越感，使客户感觉处理一定是公平的，由此消除客户心中的怨气。

客户："当时，我只是想咨询一下……"

客户服务代表："从您的谈话中，我觉得您是一个有稳定收入的人，其实您并不是在乎钱的问题……"

客户服务代表用赞美来平息客户的怒气。

客户服务代表："对您的情况，我在系统中查了一下，您是在 9 月 3 日 23：40 分向我台咨询 96188 聊天短信收费的问题，当时我台××号客户服务代表接听了您的电话，她与您的通话时长是 25 分钟。××号客户服务代表是我台新招人员，因为当时她对您咨询的业务并不熟悉，所以想语音保持，问一下值班班长，结果因操作失误，造成了与您的通信中断。她并不是有意挂您的电话……"

客户服务代表事前做了充分的调查准备工作，并将调查情况向客户做了认真解释。客户服务代表适时巧妙地运用转化法将客户的误解转化，特别是在解释过程中，注明了当时投诉的准确时间、时长等数字，使客户感受调查是细致、准确、可信的。

客户服务代表："对于××号客户服务代表的工作失误，导致您不快，我代表中国电信向您道歉。对于××号客户服务代表，我们一定会根据公司有关规定严格考核，同时我们将加大新员工培训力度，尽量避免在工作中出现类似错误。"

客户处于沉默中，客户服务代表也应适时沉默，倾听客户声音。

客户服务代表："我们这样处理您满意吗？"

客户："满意。"

客户服务代表："您以后有什么问题需要解决，可以直接与我联系，我的电话是××××，感谢您使用 10000 号服务热线。再见。"

5.4 投诉处理的禁忌

投诉处理的禁忌主要如下：

（1）怠慢客户。

（2）缺乏耐心，急于打发客户。

（3）向客户允诺做不到的事。

（4）推诿、急于为自己开脱。

以下话术是投诉处理的禁忌：

客户服务代表："这不是我做的，不是我的错，这不归我管。"

客户服务代表："我们只是一个受理部门，处理是由相关部门来做的，我们只能为您反映……"

客户服务代表："我们的规定业务是……，这不是我处理的，我不知道。"

案例 5-3：

客户服务代表："您好，很高兴为您服务！"

客户："我是××大学的一名老师，今年 7 月办理了 900 元的宽带包年业务，这个月，你们电信公司在我校推出了宽带优惠活动，年使用费只有 700 元，我希望你们把我的宽带使用费改成 700 元。"

客户服务代表："您已经签订了协议，没办法。"

（怠慢客户，会让客户感到处理不积极）

客户："你听没听清楚呀！我是你们中国电信的老客户，你们应当给予我们更多的优惠。我的邻居，以前没有用你们的宽带，但他的宽带年使用费才 700 元。这样太不合理了。"

客户服务代表："听清楚了，您的情况我们已经很清楚，我们只是一个受理部门，处理是由相关部门来做的，我们会帮您反映。"

（客户服务代表缺乏耐心，急于应付客户）

客户："你不用讲了，我找你们领导去。"

客户代表在处理投诉的过程中让客户感到不重视、敷衍了事。

客户抱怨时，客户服务代表的规范服务用语如下：

（1）遇到客户抱怨。

客户服务代表可以说"先生（女士），您的心情我很理解，我会尽量帮您解决好"或"很抱歉，给您的使用带来不便"。客户服务代表应尽量避免多次重复使用同一种安抚语句。

（2）在客户描述所咨询的问题的过程中，客户服务代表要认真聆听并适当回应"我理解""喔，这样""我明白""嗯"……

（3）遇到客户的要求无法满足。

客户服务代表可以说："很抱歉，我们公司暂时没有此项服务，我们会将您所提出的要求转交相关部门，我们会努力做得更好。"

（4）与客户发生摩擦。

客户服务代表可以说："很抱歉，刚才是我的疏忽，我向您道歉……"

（5）客户责怪客户服务代表动作慢、不熟练。

客户服务代表可以说："很抱歉，让您久等了，我会尽快为您处理。"

（6）遇到客户情绪激动而破口大骂或客户对提出处理的问题纠缠不清。

客户服务代表可以说"我很理解您的心情""我非常理解您现在的感受""先生（女士），我已经明白您的要求""先生（女士），请您放心""先生（女士），您的问题我已记下了，请放心，我们会跟踪处理，并尽快给您答复"。客户服务代表可以根据实际情况，下投诉单反映或求助现场班长。

（7）遇到无法当场答复的客户投诉或受理的客户投诉快结束时。

客户服务代表可以说："很抱歉，先生（女士），感谢您的反馈，我们会马上将您的意见向上级部门反映，请您放心。"

客户追问多长时间时，客户服务代表可以说："我们的工作人员将会在2天内与您联系，请留意联系电话，好吗？"

（8）确定属疑难客户无理取闹、粗言辱骂、骚扰违法等。

第一次，客户服务代表："先生（女士），请您使用文明语言，否则很抱歉，我们将结束这次通话。"

第二次（客户无改善），客户服务代表："请您尊重本次通话。"

第三次（客户无改善），客户服务代表："谢谢您的来电，再见！"客户服务代表即可收线。

（9）遇到客户投诉10000号难拨通、应答慢。

客户服务代表可以说："很抱歉，因为同时拨打10000号的客户比较多，让您久等了！请问有什么可以帮您？"

（10）遇到客户投诉客户服务代表态度不好或客户服务代表工作出差错。

客户服务代表可以说："对不起，由于我们服务不周给您添麻烦了，请您原谅，您是否能将详细情况告诉我？"客户服务代表应尽量安抚客户，并认真记录客户的投诉内容。

客户服务代表可以说："如经查实，我们会按照内部考核规定进行严肃处理。非常感谢您提出的宝贵意见，我们将竭力改进！"

5.5 如何将投诉转化为商机

在处理客户投诉的过程中，客户服务代表不仅要妥善处理好客户的投诉，在帮助客户解决问题的同时，还要善于发现和挖掘客户对电信产品的潜在需求，寻找新的卖点。从某种意义上而言，对企业来说，客户投诉是一种不可多得的资源。

为达到将投诉转化为商机的目的，客户服务代表在处理客户投诉时，需要做到：

（1）耐心询问客户，在没有得到足够的信息之前，不要轻易下任何结论。

（2）通过客户投诉，挖掘客户的真实想法，不要一味地就事论事。

（3）从细节入手，转移客户的关注点，推出替代优惠方案。

（4）"反客为主"，变被动为主动，适时推荐合适的产品。

5.6 遇到投诉如何自我保护

投诉是坏事，也是好事。正因为有客户的投诉，企业的服务才会进步，客户的投诉也是机会，关键在于企业如何理解和面对。如果企业视客户的投诉为坏事，那么将会每天背负沉重的压力；如果企业把客户的投诉当成好事，那么投诉有助于提高企业的服务水平，会促成客户成为企业的长期忠诚客户。

客户的投诉的作用如下：

（1）客户的投诉可以暴露企业的缺点。

（2）客户的投诉可以为企业提供继续服务客户的机会。

（3）客户的投诉可以引导其成为企业的长期理性顾客。

（4）客户的投诉可以使企业的产品更好地改进。

（5）客户的投诉可以提高处理投诉人员的各项能力。

5.6.1 养成良好的学习习惯

（1）客户服务代表在理论培训时应多用心，要掌握扎实的业务点。

（2）知识点是经过专业人员归纳、总结、提炼出来的，易学易懂。

（3）熟悉客户经常咨询的问题。

（4）学习别人总结出来的经验，可以达到事半功倍的效果。

5.6.2 针对自己不明确的知识点或文件不明确的知识点，不盲目应答

对于不明确的问题，客户服务代表可以咨询班长、咨询在线支撑或由班长向上反馈。

5.6.3 养成遵守规则的习惯

（1）客户服务代表接电话时多用服务规范用语。

（2）客户服务代表在下单时按规范操作。

（3）客户服务代表必须遵守投诉制度规范。

（4）知识内容常挂心，求助渠道要知道。

6 压力情绪管理及积极心态培养

6.1 压力情绪概述

压力是指当人们去适应由周围环境引起的刺激时，身体或精神上的生理反应。客户服务代表在日常工作中会遇到各种各样的压力，要善于利用各种方式舒缓压力，保持良好的工作情绪与状态。

6.1.1 工作压力的症状

客户服务代表在承受工作压力后，会产生一些现象，如进入话务间就出现头痛多汗、害怕接听电话、刚接几个电话就口干舌燥、听客户反映问题时容易烦躁、急于结束通话、没有动力和热情去工作。当出现这些现象时，客户服务代表就有必要调整自己的状态，进行减压了。

6.1.2 不良情绪对工作的影响

情绪是指人们对环境中某个客观事物的特种感触所持的身心体验。凡是不能满足自身需要的事物，都有可能导致消极态度的产生。这类情绪包括愤怒、憎恨、悲痛、焦虑、恐惧、苦闷、不安、沮丧、忧伤、嫉妒、耻辱、痛苦、不满等。压力长时间得不到缓解，就会造成不良情绪。客户服务中心是众多情绪汇聚、表达的场所，包括来电的客户的情绪和客户服务代表的情绪。客户服务代表的负面情绪不仅将带来较差的客户体验，同时还会影响周边同事乃至整个团队的业绩。

6.1.3 工作压力和不良情绪的来源

6.1.3.1 来自客户层面

客户服务代表普遍比较年轻，没有太多的社会阅历。客户服务代表经常遭到客户拒绝与投诉，而有的客户甚至态度非常恶劣。客户激动的情绪、提出过高的要求和不理解，都会打击客户服务代表的自信心，造成客户服务代表的工作压力。长此以往会形成客户服务代表对工作的沮丧情绪。

6.1.3.2 来自公司层面

对于客户服务代表来讲，其工作重复单调，缺少变化，每天的工作就是接听和拨打电话。

客户服务代表在解决客户基本问题的同时还要挖掘客户需求，捕捉商机，传递信息。在提供服务的过程中，客户服务代表不仅要严格遵守各项工作规章制度及流程，保证服务质量，还必须参加各种培训，熟悉新业务、新产品。业绩指标较多、完成难度较大都会给客户服务代表带来巨大的压力，使其产生不良情绪。

6.1.3.3　来自周围环境

客户服务代表在工作期间局限在话务间，活动空间相对狭小，每天都面临与同事的业绩竞争，时刻担心个人业绩以及能否得到领导和同事的肯定。

6.1.3.4　来自职业发展层面

当今社会是竞争激烈的社会，为了更好的发展，很多一线客户服务代表在下班后还要进行"充电"，在学习的过程中，也不断提高对职业生涯发展的要求。这种追求在一定程度上加重了客户服务代表自身的心理压力和对未来不确定性的焦虑情绪。

6.1.3.5　来自生活层面

客户服务代表需要轮班，没有相对规律的生活，同时还要承担家庭的责任和义务。生活中的琐事也会带来压力和不良情绪。

6.2　压力缓解和情绪控制的方法

6.2.1　日常工作中的减压方法

各种压力会使工作效率低下，有什么办法来应对这些压力呢？在日常工作中，客户服务代表可以采用以下减压方法：

6.2.1.1　深呼吸和数数

当通话时间过长或客户声音太大、抱怨太多时，客户服务代表应慢慢深呼吸，同时数1、2、3……，这是不用离开座席就能缓解压力的简单有效的办法之一。客户服务代表可以闭上眼睛，想象自己在森林中，小鸟在歌唱；做深呼吸，慢慢从1数到10，再从10数到1，这有助于客户服务代表在精神上放松，缓解紧张的情绪。当客户服务代表再回到工作中时，会发现注意力容易集中了。

6.2.1.2 勇敢面对

当感觉压力来临的时候，客户服务代表要问问自己，是否有那么可怕。客户服务代表不要胡思乱想，给自己平添烦恼，没有什么事是解决不了的，要以积极的态度来对待问题。客户服务代表可以双手轻拍一下，然后用轻松、愉快的心情说"太好了，我又有一次成长的机会了""我是一名优秀的客户服务代表""帮助客户就是帮助我自己""我再也不要因为客户的态度而沮丧""我不会因为这件小事而被难倒""我一定能行""我是最棒的"……

6.2.1.3 写作减压

写作的内容是什么呢？是压力体验及生理和心理上的一切烦恼。写作是一种效果显著的减压办法，只要一支笔一张纸就可以做到。特别是对于天天在室内工作的客户服务代表来说，写作减压更可谓是最方便的方法了。

6.2.1.4 短暂休息

客户服务代表感觉压力很大时，特别是在刚上班就碰到很不客气的客户时，可以暂时下线，站起来，走出机房，到走廊或窗户边，换换环境，呼吸点新鲜空气，用几分钟的停顿整理一下思路。

6.2.1.5 用玩具泄压

客户服务代表可以在减压室或家里准备压力球等玩具，每当感到实在受不了的时候，就把这些玩具当成出气筒，用力压、用力打，尽情宣泄压力。

6.2.1.6 向别人倾诉

把不愉快的事情隐藏在心中，会增加心理负担。客户服务代表可以找培训师或同事倾诉工作烦恼，不仅可以使自己的心情感到舒畅，而且还能得到别人的安慰、开导以及获得解决问题的方法。

6.2.2 情绪控制的方法

6.2.2.1 有效利用班前和班后会，合理调整情绪

客户服务代表应在班前会上仔细听取班长的讲解，学习其他客户服务代表的心得，大胆发言，表达自己观点，通过唱队歌、做体操以及其他与同事的互动，调整工作状态和心情。同时，客户服务代表还可给自己定一个当天的目标，激发战斗力。

客户服务代表可以在班后讲评会上把自己当天遇到的烦恼和困难说出来，寻求大家的帮助；也可以与大家一起分享当天服务营销的得意之作，展现自己的风采，与同事共同疏导郁闷心情。

6.2.2.2 及时总结，转移注意力

客户服务代表应将所有出色的工作都记录在案，并不时查阅，一是总结经验，二是为自己寻找自信。客户服务代表可以养成做工作笔记的良好习惯，在座席前放一本工作记录本，将容易忘记的业务、较难处理的异常故障、投诉处理、系统操作等问题以及情绪控制方法都记录下来，平时加以复习，这样有助于在今后的工作中加以借鉴，既节约了处理时间，又增强了自信心。客户服务代表也可以在知识库中增加自我见解，将一些独到的见解记录下来，既可以为知识库的优化提供宝贵资料，又可以使其成为一本属于自己的"工具书"。在工作中情绪不好的时候，客户服务代表通过翻看自己的工作心得，转移注意力，增强自信心，从而产生积极、愉快的情绪。

6.2.2.3 自我暗示

客户服务代表在营销失败、受到小挫折时，可以暗示自己"没关系，我是最棒的，我能用甜美的声音打动下一位客户"。客户服务代表在受到客户的指责时，可以反复暗示自己"他不是针对我，不要发怒，发怒有害无益"。这种调控情绪的方法就是自我暗示。

6.2.2.4 自我激励

自我激励是指用生活中的哲理或思想来鼓励自己。这是用理智调控情绪的一种方式，提供了一种精神动力。客户服务代表可以在自己的座席上贴上最喜欢的格言，放上心爱的人的照片，当业绩相对落后时，通过阅读格言、看看照片，进行自我激励，从而有效地调控情绪。

6.2.2.5 心理换位

心理换位也就是我们常说的换位思考。假设自己在商场买东西，遇到费用算错、服务不周，会有什么感受？这样想，客户服务代表就会增加与投诉客户之间的相互理解，防止一些不良情绪的产生。

在生活中，不要给自己无谓的压力，任何事情都不可能是尽善尽美的。我们应学会做情绪的主人，当喜则喜，当悲则悲。在遇到发怒的事情时，我们应一思发怒有无道理，二思发怒后果如何，三思有无其他方式替代，这样就可以变得冷静且情绪稳定，并不断增加积极情绪。

6.2.3 接到骚扰电话后如何控制情绪

骚扰电话是 10000 号客户服务代表所面临的一个较为普遍的问题。这一问题会造成客户服务代表的情绪不稳定，从而影响客户服务代表向其他客户

提供优质服务。客户服务代表对骚扰电话的处理方法如下：一是要尽快识别，二是要技巧性地处理，三是要尽量防止再次发生。同时，客户服务代表在接到骚扰电话后，可以这样对自己说"这是他（骚扰者）的错误，不要因为别人的错误生气""不能用自己的心情为别人的错误买单""我要用一如既往的热情为下一位客户服务"。

6.2.4　处理客户投诉时如何控制情绪

客户服务代表在处理客户投诉时，难免情绪低落或情绪难以控制，这时客户服务代表就要做好情绪的自我控制。客户服务代表可以进行以下几种控制情绪的自我对话：

"我是问题的解决者，我要控制住局面。"

"客户的抱怨不是针对我。"

"保持冷静，做深呼吸。"

"客户不满意，不是对我不满意，我不能受影响。"

"我需要冷静地听顾客诉说，虽然他的措辞很激烈。"

"我需要知道事情的经过和真相，所以我不能激动。"

"我要用良好的情绪影响他，使他放松，缓和他的紧张心情。"

6.3　积极心态的培养

6.3.1　什么是心态

心态就是对跟自己相关的事物所做的反应。心态不同，观察和感知事物的侧重点不同，对信息的选择也就不同。比如杯子里有半杯水，有人会说杯子是半空的，有人会说杯子是半满的。

人的心态可以分为两种：一种是积极的心态；另一种是消极的心态。积极的心态是成功的起点，是生命的阳光和雨露。客户服务代表通过用"我能""我行"等积极的信念来鼓励自己，有助于不断前进，取得晋升，从而成就自己在呼叫中心领域的事业。国内许多专职的呼叫中心经理人、高级培训师能在短短六七年便取得较高的成就，往往靠的就是这样的积极心态。消极的心态是失败的起点。客户服务代表一直在"我不行，还是退缩吧"这样的意识下工作，只能过一天算一天，很难取得进步。

6.3.2　积极心态的培养方法

具备一种积极的工作心态对于客户服务代表来说是非常必要的。积极心态可通过以下方法培养：

6.3.2.1　建立乐观心态

客户服务代表每天都要接触很多抱怨的客户，应该明白客户投诉可以使公司的产品得到更好的改进，可以提高自身的各项工作能力，客户给了自己锻炼的机会。因此，客户服务代表应该抱着积极的工作心态去聆听客户的抱怨，同时发自内心地感谢客户，积极工作。在生活中遇到不如意的事情是很正常的，我们要学会用积极、自信、乐观的心态来看待这些不顺利。

6.3.2.2　适当心理宣泄

在生活中，我们经常听见有人说"郁闷"，学生会说，职场人也爱说。有人问，为什么现代人喜欢把"郁闷"挂在嘴上，长期如此会不会为消极心态埋下伏笔呢？心理专家认为，现代人的追求越来越多，他们对自己、对周围的环境不满，久而久之形成了郁闷的感觉。不过，这只是一时的有感而发，整天说"郁闷"的人并不一定会得抑郁症。"郁闷"挂在嘴上，某些时候也是一种宣泄。真正抑郁的人，往往从不说自己抑郁，而这才是最可怕的事情。

作为客户服务代表，当心里有太多压力时要及时宣泄自己的情绪，如回忆自己最成功的事，选择在适当的场合大声歌唱、大声叫喊，工作之余与同事、朋友诉说工作与生活中的烦恼，要以积极的心态去面对工作和生活。

6.3.2.3　有效管理情绪

大部分客户服务代表都有过被客户情绪影响的经历，而客户的投诉、抱怨甚至是骚扰经常成为消极情绪的来源。这时客户服务代表应尝试对自己进行有效的情绪管理，做自己情绪的主人。客户服务代表应有意识地控制自己，暂时避开不良刺激，把注意力、精力和兴趣投入另一项活动中，减少心理创伤，及时稳定自己的情绪。

6.3.2.4　维持心理平衡

当今社会，是高效率、快节奏、充满竞争与挑战、瞬息万变的社会。在这样的形势下，我们应尽量保持心理平衡，培养健康的心态。例如，对自己不过分苛求，对他人不期望过高，及时疏导自己的愤怒情绪，不处处与人竞争，学会与人为善等。

培养积极心态的方法有很多，希望客户服务代表能够善于发现自己的长处，建立自信，这样才能拥有一个健康良好的心态，并获得事业上的长期发展。

附录　复习题库

附录1 客户服务代表角色认知复习题库

一、判断题

1. 要求型的客户就是想了解产品和服务的客户。   （   ）

2. 对客户来说客户服务代表代表的是整个公司。   （   ）

3. 困惑型的客户是对产品或服务不满意且情绪很激动的客户。（   ）

4. 激动型的客户是对某个问题不清楚或有误会，需要客户服务代表为其解释清楚的客户。   （   ）

5. 客户是通过拨打 10000 号客户服务热线获得电信服务和收益的访问者。   （   ）

6. 客户是一个客户服务代表不应当与之争论的人，因为客户服务代表知道赢得争论的唯一途径是避免争论，尤其是与客户的争论。（   ）

7. 客户是一个非常特别的人，其作为客户服务代表的客户只有短短的几分钟，而在此期间，客户服务代表可以帮助他并满足他的需要。（   ）

8. 客户需要的仅是电信产品和服务。   （   ）

9. 任何提高客户满意程度的因素都属于客户服务的范畴。   （   ）

10. 难以感知性是电信企业客户服务工作的特点之一。   （   ）

11. 难以感知性是客户在接受服务之前，往往不能确定其能得到的服务是什么，因为很多服务都非常抽象且很难描述。   （   ）

12. 电信企业客户服务工作的特点有互动性、公平性。   （   ）

13. 不见面的服务特点要求客户服务代表必须具备电话沟通技巧、良好的倾听能力和语言驾驭能力等多项技能。   （   ）

14. 自我管理能力包括他人激励和执行能力。   （   ）

15. 首问责任制是引导客户去营业厅咨询或办理业务。   （   ）

二、单项选择题

1. 要求型的客户特点包括（   ）。

    A. 对某个问题不清楚或有误会，需要客户服务代表解释清楚

    B. 想了解产品和服务

    C. 对产品或服务不满意且情绪很激动

    D. 对客户服务代表语气温柔

2. 对产品或服务不满意，情绪很激动的客户是（　　　）客户。

    A. 要求型

    B. 温柔型

    C. 激动型

    D. 困惑型

    E. 霸道型

3. 衡量客户是否满意的具体指标是（　　　）。

    A. 客户服务代表的服务水平

    B. 客户服务代表的业务水平

    C. 客户满意度

    D. 客户的期望

    E. 客户服务代表的语气

4. 以下情况中，属于做到首问责任制的是（　　　）。

    A. 引导客户去营业厅咨询电信业务

    B. 引导客户去营业厅投诉电信业务

    C. 引导客户到网上营业厅了解手机套餐内容

    D. 引导客户在线查询话费

5. 以下关于营销能力的要求中，错误的是（　　　）。

    A. 要求客户服务代表一直不断地介绍优惠内容

    B. 要求客户服务代表及时把握商机

    C. 要求客户服务代表主动营销

    D. 要求客户服务代表灵活推荐各类电信产品

三、多项选择题

1. 下列关于客户服务代表的说法中，正确的是（　　　）。

    A. 客户服务代表不仅仅是公司的一名雇员

    B. 客户服务代表代表的是整个公司

    C. 客户服务代表的沟通方法和满足客户需求与愿望的程度决定了
客户对公司的满意度和忠诚度

    D. 客户服务代表代表的是个人行为，与公司无关

2. 客户服务代表面对的客户通常可以分为（　　　）。

    A. 要求型

    B. 温柔型

    C. 激动型

    D. 困惑型

    E. 霸道型

3. 下列关于客户的说法中，错误的是（　　　）。

    A. 客户是通过拨打 10000 号客户服务热线获得电信服务和收益的访问者

    B. 客户是来到本企业的最重要的人，是最终为企业员工的工资付款的人

    C. 客户是买东西的人

    D. 客户是一个可以与其争论的人

4. 客户服务工作的特点包括（　　　）。

    A. 难以感知性

    B. 互动性

    C. 差异性

    D. 流程化

    E. 不见面的服务

5. 下列关于客户满意度的说法中，正确的是（　　　）。

    A. 客户满意度的提升，将帮助企业持续提升客户价值

    B. 提升企业的竞争能力

    C. 提升企业的盈利能力

    D. 推动企业文化发展

6. 客户服务代表岗位的要求包括（　　　）。

    A. 积极的心态

    B. 电话沟通能力

    C. 业务处理能力

    D. 首问责任制

    E. 营销能力

7. 业务能力包括（　　　）。

    A. 业务处理解答

B. 专业知识

C. 文字书写能力

D. 安抚客户情绪

8. 电话沟通能力要求（　　　）。

A. 具备良好的表达能力

B. 具备提问能力

C. 具备倾听能力

D. 具备征求能力

E. 具备控制情绪能力

9. 10000 号服务热线电话可以进行（　　　）。

A. 业务咨询

B. 投诉

C. 故障报修

D. 拆机

附录 2　客户服务代表服务礼仪复习题库

一、判断题

1. 接听电话行为规范：接听客户电话时，一定要端正坐好，身体必须离开椅背。　　　　　　　　　　　　　　　　　　　　　　　　（　　　）

2. 遇到客户讲方言，客户能听懂客户服务代表的普通话时，客户服务代表应该在听懂客户所用方言的基础上，继续保持普通话的表达。（　　　）

3. 服务礼仪是体现服务的具体过程和手段，使无形的服务有形化、规范化、系统化。　　　　　　　　　　　　　　　　　　　　　　（　　　）

4. 客户服务代表在使用服务用语的同时也可以使用大量方言，方便与客户的沟通。　　　　　　　　　　　　　　　　　　　　　　　（　　　）

5. 客户服务代表在服务过程中，应有"我代表的是中国电信"的意识，力争在沟通的第一声中就给客户留下美好的印象。　　　　　　　（　　　）

6. 服务礼仪的具体要求是充满热情、换位思考、积累经验、灵活运用。　　　　　　　　　　　　　　　　　　　　　　　　　　　　　（　　　）

7. 语速除了因客户而异外，还会因内容而异，客户服务代表向客户介绍比较重要的内容时，应该保持开始语速。　　　　（　　）

8. 平常用语："你错了，不是那样子的。"专业表达："对不起，我没有说清楚，但我想这中间有些……"　　　　（　　）

9. 平常用语："听着，那没有坏，所有系统都是正常工作的。"专业表达："那表明系统是正常工作的，我们会查查看到底哪里存在问题。"

　　　　（　　）

10. 服务礼仪是对客户表示尊重和友好的行为规范和惯例。　　（　　）

11. 服务礼仪是客户服务代表在工作岗位适用的礼仪和工作艺术。

　　　　（　　）

12. 服务是满足接受服务之对象需求的过程。　　　　（　　）

13. 公平化的服务才是良好的服务。　　　　（　　）

14. 询问客户尊称时可以问："请问您叫什么呀?"　　　　（　　）

15. "你好"属于标准的十字服务用语。　　　　（　　）

16. 遇到客户抱怨客户服务代表声音小或听不清楚时，客户服务代表可以突然提高音量回答。　　　　（　　）

17. 在沟通时客户服务代表可以在捂住话筒后批评客户。　　（　　）

18. "你怎么能这样呢"不属于服务禁用语。　　　　（　　）

19. 电话接通后客户服务代表需在 3 秒内回应客户。　　　（　　）

20. 在查询或受理过程中客户服务代表需每隔 20 秒适时回应客户。

　　　　（　　）

21. 让客户等待完后客户服务代表应和客户说"很高兴您的耐心等待"。

　　　　（　　）

二、单项选择题

1. 以下选项中，属于电话沟通的礼仪的是（　　　　）。

　　A. 谦恭有礼地送客

　　B. 端正的姿态和清晰明快的声音

　　C. 亲切灿烂的笑容

　　D. 热情有礼地迎接

2. 以下选项中,属于服务禁用语的是(　　　)。

　　A. 请

　　B. 对不起

　　C. 再见

　　D. 不知道

3. 客户王先生向 10000 号申请新装宽带,由于客户有事要外出,要求当天安装。客户服务代表小李答复:"好的,我明白,您需要马上装机,下午应该可以吧,具体情况我也不太清楚,安装人员会和您联系的……"请您评定小李的此种做法是否正确。(　　　)

　　A. 正确,小李站在了客户角度上及时为客户处理问题

　　B. 正确,小李如再进一步与客户约定时间就更好了

　　C. 不正确,小李不应该允诺客户做不到的事情

　　D. 不正确,小李未能了解客户的真实需求,急于挂断电话,敷衍客户

4. 查询后向客户解答时应使用(　　　)。

　　A. "您好,很高兴为您服务,请问有什么可以帮到您"

　　B. "对不起,电话无声(听不清您的声音),请再重复一遍,谢谢"

　　C. "请稍候,我帮您查询一下"

　　D. "感谢您的耐心等待"

5. 对客户提出的问题,要通过查询方能解答时应使用(　　　)。

　　A. "您好,很高兴为您服务,请问有什么可以帮您"

　　B. "对不起,电话无声(听不清您的声音),请再重复一遍,谢谢"

　　C. "请稍候,我帮您查询一下"

　　D. "感谢您的耐心等待"

6. 摘机后听不见或听不清楚客户声音时应使用(　　　)。

　　A. "您好,很高兴为您服务,请问有什么可以帮您"

　　B. "对不起,电话无声(听不清您的声音),请再重复一遍,谢谢"

　　C. "请稍候,我帮您查询一下"

　　D. "感谢您的耐心等待"

7. 以下选项中,属于心理换位的情绪控制方法的是(　　　)。

　　A. 在班后会上诉说自己的接电话经历,与同事一起分享

　　B. 假设自己是客户,去体会在遇到类似情况时的心情

　　C. 受到客户的指责时,反复地暗示自己"他不是针对我,不要发

怒，发怒有害无益"

    D. 记录自己日常的工作心得，在情绪低落时转移自己的注意力

8. 客户服务代表在探寻客户需求时，需要做到"完全""清楚""确认"客户的业务需求。这里的"确认"要求（   ）。

    A. 明确客户可以接受的价格

    B. 对客户需求有全面的了解

    C. 所理解的客户需求是经过客户认可的，而不是自己猜测的

    D. 能介绍最合适的产品

9. 客户使用免提无法听清楚时，正确的话术是（   ）。

    A. "喂，我听不到，你的电话是否有问题"

    B. "尽量不要使用免提方式说话好吗"

    C. "对不起，您大声点说话好吗"

    D. "对不起，您的声音很小，请问您是否使用免提方式？请您拿起话筒说话好吗"

10. 客户打电话给 10000 号寻找某位客户服务代表时，正确的表达方式是（   ）。

    A. "很抱歉，她不在，你过会再打来吧"

    B. "对不起，她现在已经下班了，请问有什么可以帮您"

    C. "您好，她下班了，你有什么事吗"

    D. "您好，她已经下班了，应该会在下午回来，你直接联系她的小灵通吧"

11. 语速除了因客户而异外，还会因内容而异。客户服务代表向客户介绍比较重要的内容时，应（   ）。

    A. 使用较快的语速

    B. 保持开始语速

    C. 适当放慢语速

    D. 接近客户语速

12. 以下沟通用语中，符合"专业"和"正面"的要求的是（   ）。

    A. "等一下，我帮您查查"

    B. "这个问题我不清楚"

    C. "这个问题需要与其他的部门协调处理，请留下您的联系方式，我替您解决后再回复您好吗"

D. "我只能做到这样，我也没办法了，抱歉"

13. 张先生打电话到 10000 号，询问从火车站到竹园酒店如何走，此时客户服务代表最合适的做法是（　　　）。

　　A. 请客户上网查询

　　B. 告知客户 10000 号不提供此项服务

　　C. 向熟悉路线的客户服务代表求助

　　D. 请客户拨打 114 号码百事通

14. 下列电话沟通礼仪中，错误的是（　　　）。

　　A. 快速的语速

　　B. 保持良好的心情

　　C. 重要的第一声

　　D. 认真清楚地记录

15. 客户服务代表在电话沟通过程中可以做的是（　　　）。

　　A. 吸烟

　　B. 吃零食

　　C. 喝咖啡

　　D. 坐姿端正

16. 客户服务代表让客户稍等时，需要（　　　）秒回应客户。

　　A. 15

　　B. 20

　　C. 10

　　D. 30

17. 以下选项中，带有质问语气的是（　　　）。

　　A. "您必须"

　　B. "你还不明白，这次听好了"

　　C. "什么怎么样"

　　D. "您要这样的话，我也没有办法"

18. 遇到客户向客户服务代表致谢时，客户服务代表应回应（　　　）。

　　A. "嗯，好的"

　　B. "谢谢"

　　C. "请问您还有其他业务需要咨询吗"

　　D. "不客气"

19. 提供的信息较长，需要客户记录下相关内容时，客户服务代表应提醒客户（   ）。

    A. "你身边有笔吗"

    B. "你需要记一下吗"

    C. "请您记录一下，好吗"

    D. "你要听清楚啊"

20. 客户责怪应答慢时，客户服务代表应说（   ）。

    A. "对不起，让您久等了"

    B. "对不起，电话无声或听不清您的声音，请再重复一遍，谢谢"

    C. "请稍候，我帮您查询一下"

    D. "感谢您的耐心等待"

21. 通话结束前，客户服务代表应询问客户是否还有其他方面的咨询。客户服务代表应说（   ）。

    A. "还有其他吗"

    B. "没有问题了吧"

    C. "请问您还有其他的需要（问题）吗"

    D. "谢谢，再见"

22. 以下选项中，带有命令式口气的是（   ）。

    A. "请诚实回答"

    B. "难道你不知道"

    C. "叫什么名字的"

    D. "你要这样，我也没办法"

三、多项选择题

1. 客户服务代表遇到客户讲方言而听不懂时，客户服务代表应（   ）。

    A. "对不起，您可以（能）讲普通话吗？谢谢"

    B. 直接挂机不用理会

    C. "对不起，您可以（能）找一个能说普通话的人来，好吗？谢谢"

    D. 转接到咨询专员

2. 沟通开始前，礼貌询问客户姓氏应说（   ）。

    A. "请问您贵姓"

    B. "告诉我您的姓名"

  C. "请问您怎么称呼"

  D. "你叫什么"

3. 客户服务代表的语音语调规范有 (　　)。

  A. 吐字清晰

  B. 发音准确

  C. 圆润动听

  D. 朴实大方

  E. 富于变化

4. 电话沟通过程中的基本服务用语包括 (　　)。

  A. "您好"

  B. "谢谢"

  C. "不好意思"

  D. "再见"

5. 下列选项中，属于服务禁用语的是 (　　)。

  A. "我告诉你什么来着"

  B. "啊？什么"

  C. "你知道了吗"

  D. "不知道"

6. 客户服务代表在为讲话语速比较慢的客户服务时，以下做法中，不合适的是 (　　)。

  A. 适当放慢，接近客户的语速

  B. 保持开始语速

  C. 语速不变，经常停顿，以便客户理解

  D. 使用稍快的语速，希望客户也能加快语速

7. 当客户服务代表需要查阅，时间大约为 10 分钟时，不应该采取的措施为 (　　)。

  A. 向客户说明情况，另行回复并尽早回拨

  B. 堵住耳麦，不让客户听到客户服务代表这边的任何声音

  C. 告知客户工号，让客户过一段时间再打电话来询问结果

  D. 放音乐给客户听，让客户在线等待

8. 客户服务代表在服务过程中不适合采用的语气包括 (　　)。

  A. 质问语气

B. 询问语气

C. 散漫语气

D. 机械语气

9. 以下选项中，属于服务禁用语的是（　　　）。

    A. "我只能这样，没办法了"

    B. "刚才不是跟你说了吗"

    C. "对不起，请您再重复一遍好吗"

    D. "我不是告诉过你了吗"

10. 客户联系信息主要有（　　　）。

    A. 联系电话

    B. 客户邮政编码

    C. E-mail

    D. 客户通信地址

11. 遇电话接通无声，客户服务代表应说（　　　）。

    A. "喂，您好"

    B. "您好，您的电话已接通，请讲"（重复两遍）

    C. "如不咨询，请您挂机，再见"

    D. "请换一部话机再拨打"

12. 服务礼仪的具体要求包括（　　　）。

    A. 充满热情

    B. 换位思考

    C. 经验积累

    D. 灵活运用

13. 在电话沟通时，客户服务代表（　　　）。

    A. 不能冷场

    B. 不能插话、抢话

    C. 不能让客户等一会儿

    D. 不能使用"啊"

14. 服务十字用语包括（　　　）。

    A. 请

    B. 你好

    C. 您好

D. 谢谢

E. 对不起

F. 再见

15. 遇到客户的话机未挂好，客户服务代表应说（　　　）。

A. "您好，请问有什么可以帮您"

B. "您好，请讲"

C. "很抱歉，您的电话没有声音，请重拨"

D. "谢谢您的来电，再见"

16. 客户提建议时，客户服务代表应说（　　　）。

A. "谢谢您的建议"

B. "希望您以后多多支持，多给我们提宝贵意见"

C. "谢谢你，再见"

D. "对不起，是我们的问题"

17. 服务不规范现象包括（　　　）。

A. 耐心热情的应答

B. 服务未结束的不规范挂机

C. 让客户拨打政府部门的投诉电话

D. 整通电话没有提供服务

18. 客户问题需要转××专席，客户服务代表应说（　　　）。

A. "您的问题需要转接××专席处理"

B. "我现在为您转接好吗"

C. "正在为您转接，请稍等"

D. "谢谢您的来电，再见"

19. 以下选项中，不属于服务禁用语的是（　　　）。

A. "我很理解您的心情"

B. "我们不可能这么说，是您自己听错吧"

C. "请问您可以（能）告诉我您的身份证号码吗"

D. "请问这样够清楚吗"

附录3 "听得见的微笑" 复习题库

一、判断题

1. 当客户说话不文明，带有侮辱或攻击性语言时，客户服务代表可以说："请您文明用语，您所反映的问题我已记录下来，马上为您反馈。若没有其他问题的话，请您挂机。"　　　　　　　　　　　　　（　　）

2. 遇到客户的要求无法满足时，客户服务代表应直接告知客户无法满足客户需求。　　　　　　　　　　　　　　　　　　　　　（　　）

3. "您是否喜欢直板式手机？"这是一个封闭式问题。　（　　）

4. 客户服务代表在电话沟通中应善用"我"代替"你"。（　　）

5. "您的意思是……对不对？"是开放式问题。　　　（　　）

6. 客户服务代表在与客户沟通时应做到迅速、准确、热情、周到、耐心、礼貌。　　　　　　　　　　　　　　　　　　　　　　　（　　）

7. 客户服务代表在提问的过程中，应该给予客户时间做回应。（　　）

8. 有效的沟通方式需要双方能够仔细聆听彼此所说的话，这一点在电话沟通中更为重要。　　　　　　　　　　　　　　　　　　　（　　）

9. 倾听是有效沟通的重要基础，因为客户服务代表只有倾听才能学着去了解客户并提供最有效的服务。　　　　　　　　　　　　　（　　）

10. QQ 交流不属于沟通常见类型。　　　　　　　　　（　　）

11. 微信沟通属于沟通常见类型。　　　　　　　　　　（　　）

12. 沟通常见类型分为两大类：QQ 交流和微信沟通。　（　　）

13. 客户拨打 10000 号是希望反馈问题。　　　　　　　（　　）

14. 客户服务代表的职责只是为了解决客户问题。　　　（　　）

15. 沟通的本质是运用专业的表达，解决客户问题，并在此过程中让客户感觉被尊重。　　　　　　　　　　　　　　　　　　　　　（　　）

16. 客户服务代表"假装在听"的原因是内心太兴奋了。（　　）

17. 客户服务代表"假装在听"其实就是心不在焉。　　（　　）

18. 将你心换我心是带有同理心的倾听。　　　　　　　（　　）

19. 设身处地感受、体谅他人是专注的倾听。　　　　　（　　）

20. 左耳进右耳出可以取得较好的谈话效果。 （　　）

21. 听而不闻的现象在客户服务代表日常工作中是比较常见的。（　　）

22. 选择性听是因为没有经过专业训练。 （　　）

23. 解决客户部分问题是有效倾听的原则。 （　　）

24. 理解内涵不抢话属于有效倾听的原则。 （　　）

25. 关键词的记录不属于有效倾听的原则。 （　　）

26. 时而回应客户表示客户服务代表在认真倾听。 （　　）

27. 提问方式分为开放式、封闭式和探查式。 （　　）

28. 探查式的答案包括是或不是。 （　　）

29. 随心所欲的表达可以显得更亲切。 （　　）

30. 客户服务代表在表达时要条理清晰。 （　　）

31. 开放式问题的答案是唯一的。 （　　）

32. "今天不行，你一定要明天才能办理迁移了"是专业表达。（　　）

33. 认为客户的需求是正确的是表达同理心。 （　　）

34. 客户服务代表在表达时应多使用专业的词语。 （　　）

35. 声音不可以传达热情和自信。 （　　）

36. 客户服务代表在表达拒绝的意思时可以直接说"不"。 （　　）

37. 客户服务代表的微笑是不能通过声音传递的。 （　　）

38. 客户服务代表遇到情绪化型的客户应尽量加快语速。 （　　）

39. 客户服务代表遇到焦虑型的客户忌语速快慢错位、拖拖拉拉，影响交际效率。 （　　）

40. 客户服务代表遇到喋喋不休型的客户时忌急于抢话打断客户。（　　）

41. 用淡盐水漱口可以防止声音嘶哑。 （　　）

42. 空腹或用餐过饱状态最适宜用声工作。 （　　）

43. 客户服务代表平时要多模仿他人的声音来保护声音。 （　　）

44. 客户服务代表遇到普通型的客户就普通对待、敷衍一下即可。

（　　）

45. 客户服务代表要咬字准确、发音清晰。 （　　）

二、单项选择题

1. 进行有效沟通的重要基础是（　　　）。

A. 提问

B. 表达

C. 倾听

D. 解释

2. 客户服务代表广泛学习各方面的知识固然重要，但更重要的是要站在客户的立场上考虑问题。这指的是（   ）。

A. 经验累积

B. 换位思考

C. 电话沟通能力

D. 反客为主

3. 下列选项中，不属于客户目的的是（   ）。

A. 发泄情绪

B. 渴望被尊重

C. 反馈问题

D. 使问题复杂化

4. 下列选项中，不属于客户服务代表的职责的是（   ）。

A. 处理情绪

B. 反馈问题

C. 表达尊重

D. 解决问题

5. 客户服务代表的精神不集中导致（   ）。

A. 听而不闻

B. 选择性听

C. 专注地倾听

D. 假装在听

6. （   ）倾听可以更好地提高客户感知度。

A. 带有同理心

B. 选择性

C. 专注地

D. 假装

7. 下列选项中，属于开放式提问的是（   ）。

A. "请问有什么可以帮到您"

B. "你是想办理宽带暂停吗"

C. "你是想投诉营业厅工作人员吗"

D. "你想办理宽带迁移还是宽带新装呢"

8. 客户服务代表遇到傲慢型的客户时应（　　）。

A. 使用中速沟通，并巧设停顿，适时把握住解决问题的时机

B. 使用中速沟通，尽可能以标准清晰的发音让对方听清楚、听明白

C. 使用中快速语速沟通，体现出客户服务代表急客户所急的感觉，但要注意话语的清晰度

D. 适当交替运用好快中慢语速，这样还可以增加语言的清晰度和节奏感

9. 客户服务代表遇到优柔寡断型的客户时忌讳（　　）。

A. 急于抢话、打断客户

B. 无法承受这种意料不到的情况，与客户反生争执

C. 随意敷衍，用快速语速及疑问语气沟通

D. 表现出敷衍、冷漠等态度，自始至终一个调子，单调乏味

10. 下列选项中，不是用声保护的做法的是（　　）。

A. 模仿他人声音

B. 良好饮食习惯

C. 充足的睡眠

D. 锻炼身体

三、多项选择题

1. 客户服务代表在与客户交流的过程中，既要能控制沟通的局面又要能跟得上对方的思路，应该做到（　　）。

A. 听得准确

B. 理解迅速

C. 记得牢固

D. 及时回应

E. 表达清晰

2. 沟通技能中的声音表达技巧至关重要，客户服务代表应该具备的表达技巧包括（　　）。

A. 咬字要清晰

B. 音量要恰当

  C. 音色要甜美

  D. 语调要柔和

  E. 语速要适中

  F. 用语要规范

3. 下列选项中，可以适时运用同理心的情况是（ ）。

  A. 客户来电进行投诉时

  B. 客户表达不满时

  C. 客户表达满意时

  D. 客户表达愉快心情时

4. 客户服务代表在通话过程中表达同理心的表现包括（ ）。

  A. 同意客户的需求是正确的

  B. 陈述该需求对其他人一样重要

  C. 表明该需求未被满足所带来的后果

  D. 表明你能体会客户目前的感受

5. 下列选项中，体现了客户服务代表的沟通能力的是（ ）。

  A. 能用准确易懂的语言为客户分析或解答

  B. 能引导客户控制情绪，能安抚客户的情绪，能协助客户缓解压力

  C. 用认真、谦虚、宽容的心态倾听客户讲话，快速正确理解客户所询问的问题

  D. 能够运用不同的提问技巧，了解客户需要或控制对话方向

6. 客户服务代表的服务语气平平、声调单一，让人无法感觉到对每个客户的欢迎与重视。造成这种现象的原因有（ ）。

  A. 不断重复。面对的客户太多，常常又要说同样的话，说着说着就丧失了热情

  B. 因为不是面对面，缺乏对方的表情反馈也会导致客户服务代表的茫然

  C. 想象对方是坐在你对面的一个具体形象，你是在和这个形象交谈，而不是在打电话

  D. 认准一些关键词，适当提高语调以表示强调

7. 沟通的常见类型包括（ ）。

  A. 面对面沟通

  B. 电话沟通

C. 新媒体沟通

D. QQ 沟通

E. 微信沟通

8. 客户拨打 10000 号的目的是（　　）。

A. 发泄情绪

B. 渴望被尊重

C. 反馈问题

D. 解决问题

9. 倾听的层次包括（　　）。

A. 听而不闻

B. 假装在听

C. 选择性听

D. 专注地倾听

E. 带有同理心地倾听

10. 客户服务代表在倾听时要（　　）。

A. 提高感知度

B. 迅速理解

C. 记得牢固

D. 听得准确

11. 有效倾听的原则包括（　　）。

A. 听问题

B. 解决部分问题

C. 察情绪

D. 理解内涵

12. 客户服务代表通过同理心的表达可以让客户感受到（　　）。

A. 感受到客户服务代表理解客户的心情、感受、处境和困难

B. 缓解客户愤怒的心情

C. 降低客户的戒备心

D. 增加客户对客户服务代表的信任

13. 优质语音服务的要求包括（　　）。

A. 心境要平和

B. 语速要适中

C. 语调要柔和

D. 音量要恰当

14. 客户服务代表克服声调单一的方法包括（　　）。

A. 不断重复。面对的客户太多，常常又要说同样的话，说着说着就丧失了热情

B. 因为不是面对面，缺乏对方的表情反馈也会导致客户服务代表的茫然

C. 想象对方是坐在你对面的一个具体形象，你是在和这个形象交谈，而不是在打电话

D. 认准一些关键词，适当提高语调以表示强调

15. 客户服务代表平时做到用声保护的措施包括（　　）。

A. 锻炼身体

B. 预防感冒

C. 睡眠充足

D. 良好饮食习惯

附录4　服务规范及常见场景复习题库

一、判断题

1. 客户服务代表在向客户询问信息时可以不说"请"。　　　　　（　　）

2. 客户服务代表在沟通时，仅需要传递信息而不用主动服务。（　　）

3. 客户服务代表说完结束语就可以主动挂机。　　　　　　　　（　　）

4. 客户服务代表面临解决不了的问题时应该直接拒绝客户。　（　　）

5. 客户拨打10000号的最根本目的是需要客户服务代表帮其解决问题。

（　　）

6. 如果客户错了，客户服务代表就要争辩。　　　　　　　　　（　　）

7. 客户服务代表的声音要坚定自信。　　　　　　　　　　　　（　　）

8. 客户服务代表要强调做不到的地方。　　　　　　　　　　　（　　）

9. 客户服务代表在应答时应尽量多使用"不"字。　　　　　　（　　）

10. 录音是客户服务代表在内部处理服务问题和保证服务质量的参考。

（　　　）

11. 出于安全等各方面考虑，中国电信暂不提供夜间上门维修服务。

（　　　）

12. 遇到客户不停抱怨时，客户服务代表应该一直重复"很抱歉"。

（　　　）

13. 客户服务代表接到骚扰电话时不用解释，直接挂机即可。　（　　　）

14. 客户服务代表将话务转到故障专席时不用解释，直接转接即可。

（　　　）

15. 10000 号提供 24 小时的人工服务。　　　　　　　　　（　　　）

16. 客户可以在 23：00 来电办理宽带迁移业务。　　　　　（　　　）

17. 10000 号可以为客户查询通话清单。　　　　　　　　　（　　　）

18. 网厅和营业厅可以查询通话清单。　　　　　　　　　　（　　　）

19. 114 台可以提供电信营业厅的办公电话。　　　　　　　（　　　）

20. 客户要求与中国电信合作业务时，客户服务代表应引导客户去营业厅咨询。

（　　　）

21. 营业厅是现场办公的地方，所以没有对外公开的电话号码。（　　　）

22. 客户来电催修时，客户服务代表可告知其去营业厅催。　（　　　）

23. 遇到大面积故障时，客户服务代表可以告知客户该片区出现故障，因此没办法处理。

（　　　）

二、单项选择题

1. 客户来电要求指定工号接听时，客户服务代表应（　　　）。

　　A. 告知客户马上为其转接

　　B. 告知客户可以为其转接值班经理

　　C. 告知客户自己也同样可以为客户服务

　　D. 告知客户马上让指定工号给客户拨打电话

2. 客户来电投诉并要求提供录音时，客户服务代表应（　　　）。

　　A. 告知客户录音不对外提供，请客户谅解

　　B. 告知客户通话都是没有录音的

　　C. 告知客户马上给其播放录音

　　D. 告知客户需要请示值班经理

3. 客户咨询通话是否已被录音时，客户服务代表应（　　）。

    A. 告知客户全部通话都有录音

    B. 告知客户通话录音是系统随机抽样进行的

    C. 告知客户通话没有被录音

    D. 告知客户不清楚通话有无被录音

4. 客户强烈要求到10000号办公现场，以下应答中错误的是（　　）。

    A. 直接告知客户10000号办公现场的具体地址

    B. 告知客户10000号不是现场办公

    C. 告知客户来现场和通过电话反映一样，都会为其处理

    D. 告知客户一定会将客户的情况向相关部门反映

5. 客户来电表扬客户服务代表时，客户服务代表应回应客户（　　）。

    A. "我知道了"

    B. "好的，谢谢"

    C. "不用客气"

    D. "不用谢，这是我应该做的"

6. 客户服务代表请求客户谅解时，应说（　　）。

    A. "对不起"

    B. "很抱歉，请您谅解"

    C. "请问有什么可以帮到您"

    D. "谢谢"

7. 客户询问客户服务代表姓名时，客户服务代表应回应客户（　　）。

    A. "我的全名是×××"

    B. "您记住我姓×就好了"

    C. "不可以告诉您我的姓名"

    D. "在10000号，工号代表的就是我的身份，所以您只要记下我的工号就可以了"

三、多项选择题

1. 客户来电投诉客户服务代表服务态度差时，客户服务代表应（　　）。

    A. 道歉

    B. 表示对此事的重视

C. 表明处理态度

D. 表示感谢

2. 10000 号在 22：00~8：00 提供（　　　）服务。

A. 查询手机套餐内容

B. 开通手机来电显示

C. 宽带故障报修

D. 手机挂失

3. 客户服务代表验证客户密码的解释口径是（　　　）。

A. "办理（查询）业务需要验证客户密码，请问您准备好了吗"

B. "客户密码知道的吧？知道就验证吧"

C. "（客户知道客户密码）请您根据语音提示操作"

D. "验证下客户密码吧"

4. 公安局来电要求提供录音文件时，客户服务代表的应答为（　　　）

A. "抱歉，10000 号目前暂无法受理这类业务"

B. "您可以移步至我公司安保部申请"

C. "请问您要哪些录音文件，我帮您找"

D. "录音很多，我们提供不了"

附录 5　投诉处理技巧复习题库

一、判断题

1. 在与客户沟通中，如果客户所说不属实，那么投诉处理人员可以打断客户谈话，直接表述自己的意见。　　　　　　　　　　　　　（　　）

2. 客户服务代表对投诉或有抱怨的客户必须进行安抚，耐心恰当地答复客户。　　　　　　　　　　　　　　　　　　　　　　　　　（　　）

3. "从细节入手，转移客户的关注点，推出替代优惠方案"是处理客户投诉意见的方法之一，其目的是达到将客户投诉转化为商机。（　　）

4. 客户来电投诉时，客户服务代表直接记录客户问题并派单，不用进行任何安抚和处理。　　　　　　　　　　　　　　　　　　　　（　　）

5. 客户服务代表接到客户投诉时，首先应仔细倾听，并安抚客户情绪。

（　　）

6. 正确的投诉处理过程是仔细聆听、有效安抚、记录问题、提供可行方案、真诚解释、礼貌结束。　　　　　　　　　　　　（　　）

7. 电信客户投诉的原因有服务态度、服务质量、通信质量、费用争议等。
　　　　　　　　　　　　　　　　　　　　　　　　　　　　　　（　　）

8. 客户服务代表在处理客户投诉时应准确了解客户投诉的问题，并确认客户投诉的关键点。　　　　　　　　　　　　　　　（　　）

9. 没有投诉、没有异议的客户就是最好的客户。　　　　（　　）

10. 客户服务代表遇到客户投诉时应避免与客户发生争执，应对客户的心情表示理解并以积极的态度服务，承诺解决问题并及时回复。　（　　）

11. 不同的客户对服务的看法是相同的，因此客户服务代表解决投诉问题可以用统一、固化的方式。　　　　　　　　　　（　　）

12. 投诉是指客户仅对服务态度不满而向相关部门反映。　（　　）

13. 越级投诉属于投诉的一种。　　　　　　　　　　　（　　）

14. 抱怨不属于投诉。　　　　　　　　　　　　　　　（　　）

15. 投诉只分为普通投诉和越级投诉。　　　　　　　　（　　）

16. 客户投诉的目的是希望自己受到重视和善待。　　　（　　）

17. 业务不熟是客户服务代表原因导致的投诉。　　　　（　　）

18. 客户通过投诉是希望可以得到更好的服务。　　　　（　　）

19. 应答技巧欠佳是客户原因导致的投诉。　　　　　　（　　）

20. 客户原因投诉是指客户因自身情绪、主观想法未得到满足而投诉。
　　　　　　　　　　　　　　　　　　　　　　　　　　　　　　（　　）

21. 投诉处理原则要求客户服务代表推诿和怀疑。　　　（　　）

22. 先处理心情、后处理事情是处理投诉的首要原则。　（　　）

23. 首问负责制是处理投诉的最终原则。　　　　　　　（　　）

24. 投诉处理的步骤只有用心倾听和制订合理方案。　　（　　）

25. 客户带着怒气投诉是最少见到的现象。　　　　　　（　　）

26. 在客户来电催修故障时，客户服务代表可以告知客户："很抱歉，您反映的故障问题我们正在为您处理，请放心。"　　　　　（　　）

27. 处理投诉时客户服务代表说"这不是我的错，这不归我管"是正确的。　　　　　　　　　　　　　　　　　　　　　　　（　　）

28. 缺乏耐心、急于打发客户是客户服务代表在处理投诉过程中需要做到的。　　　　　　　　　　　　　　　　　　　　　（　　）

29. 在客户责怪客户服务代表动作慢时，客户服务代表可以告知客户："很抱歉，让您久等了，我会尽快为您处理。" （ ）

30. 想将投诉转化为商机就要做到"反客为主"。 （ ）

31. 投诉可以使公司的产品得到更好的改进。 （ ）

32. 从细节入手，转移客户的关注点，并推出替代优惠方案，可以将投诉转化为商机。 （ ）

33. 投诉提供了继续为客户服务的机会。 （ ）

34. 投诉可以提高处理投诉人员的各项能力。 （ ）

35. 客户服务代表遇到投诉时要细心聆听，适时安抚，及时缓解客户情绪。 （ ）

36. 客户服务代表对自己不知道的知识点可以想当然地回答。 （ ）

37. 客户服务代表遇到投诉时应积极主动地解决客户的问题。 （ ）

38. 客户服务代表在理论培训期间可以不用心，在与客户沟通时再用心。 （ ）

39. 利用别人总结出来的经验，可以达到事半功倍的效果。 （ ）

40. 转移法是指客户服务代表对客户的投诉可以不理睬而将话题转到其他方面。 （ ）

41. 投诉是客户给予企业的一份礼物，企业只要正确看待，就可以变"诉"为"金"。 （ ）

42. 客户投诉的原因纯粹只是索赔而已。 （ ）

43. 客户服务代表在对客户投诉的问题进行分析时，只需要根据客户提供的信息进行分析即可。 （ ）

44. 客户服务代表在为客户提供问题解决方案时，必须以满足客户的一切要求为前提。 （ ）

二、单项选择题

1. 客户投诉中国电信乱收费，客户服务代表正确的处理方法是（ ）。

    A. 安抚客户情绪，向客户致歉

    B. 埋怨客户

    C. 直接挂线处理

    D. 保持沉默

2. 客户服务代表在服务中，要避免使用服务禁用语。如客户表示要投诉到上级部门时，以下答复内容中最合适的是（　　）。

　　A. "我们这里就是投诉处理部门，其他部门不受理投诉"

　　B. "我不知道上级部门是哪里"

　　C. "我已详细记录您的建议和意见，将会转告上级部门，感谢您提出的宝贵建议"

　　D. "您不用去找上级部门，我会把您的意见和建议转告给上级部门，××小时内他们会和您联系的"

3. 客户来电投诉，客户服务代表答复："稍等，让我请示一下班长（主管），看看我们还可以怎样解决这个问题。您看行吗？"这属于处理客户投诉的（　　）步骤。

　　A. 仔细聆听，迅速响应

　　B. 充分有效安抚

　　C. 仔细询问、记录并解答

　　D. 迅速提供合理的解决方案

　　E. 真诚地向客户进行解释

　　F. 感谢客户，礼貌结束

4. 下列选项中，属于客户服务代表在处理投诉过程中不恰当的表述的是（　　）。

　　A. "我们只是一个受理部门，处理是由相关部门来做的，我们只能为您反映"

　　B. "我们这样的处理您满意吗"

　　C. "很抱歉给您带来了不便"

　　D. "您的问题，我们已经记录下来……，我们会尽量在最短的时间内为您处理好，您可以随时拨打 10000 号进行查询，好吗"

5. 下列选项中，属于处理投诉过程中的禁忌的是（　　）。

　　A. 怠慢客户

　　B. 对客户投诉的动机不了解

　　C. 对客户投诉的问题无法立刻回答

　　D. 让客户在线等待，为客户查询

6. 张先生投诉申请的宽带没有及时安装，并且没有工作人员与其联系。请问：引起客户产生投诉的原因是（　　）。

A. 没有人愿意承担错误及责任

B. 在使用服务的过程中，有人歧视或小看客户

C. 客户需求得不到解决，也没有人向客户解释清楚

D. 产品存在缺陷

7. 客户投诉的意图分为三种类型：希望被关心和重视、希望存在的问题得到快速解决和（　　　）。

A. 今后服务的期望

B. 不被歧视

C. 达到服务预期

D. 宣泄情绪

8. 客户服务代表在处理客户投诉的过程中，不属于服务禁用语的是（　　　）。

A. "这不是我做的，不是我的错，这不归我管"

B. "我们只是一个受理部门，处理是由相关部门来做的，我们只能为您反映"

C. "您好，非常抱歉影响您使用了，您请放心，这个问题我会第一时间帮您记录、核实和处理，请您放心"

D. "我们的规定业务是……，这不是我处理的，我不知道"

9. 下列选项中，在处理投诉过程中不应出现的是（　　　）。

A. "请问我们这样的处理您满意吗"

B. "很抱歉给您带来了不便"

C. "您的问题，我们已经记录下来……，我们会尽量在最短的时间内为您处理好，您可以随时拨打 10000 号进行查询，好吗"

D. "我们只是一个受理部门，处理是由相关部门来做的，我们只能为您反映"

10. 客户致电表示昨天投诉过话务员，要求公司将其解雇，现要查询投诉单的处理结果，看看那位话务员有没有被解雇。话务员应该（　　　）。

A. 安抚客户等待处理结果，告知客户会有人回复

B. 告知客户不知道

C. 告知客户被投诉话务员并没被解雇

D. 骗客户被投诉话务员已被解雇

11. 处理投诉的方法不包括（　　）。

　　A. 平抑怒气法

　　B. 转化法

　　C. 转移法

　　D. 询问法

12. 客户服务代表应杜绝和客户发生争论，不得推卸责任，如果确定是公司责任的应首先向客户（　　）。

　　A. 解释原因

　　B. 提供处理方案

　　C. 聆听客户需求

　　D. 致歉

13. 下列选项中，属于客户原因导致投诉的是（　　）。

　　A. 装机时限

　　B. 故障修复时限

　　C. 服务态度

　　D. 客户带着不良情绪拨打 10000 号

14. 业务原因引发投诉是指（　　）。

　　A. 企业的某些政策和规则不合适引发投诉

　　B. 客户服务代表个人因素引发投诉

　　C. 客户因自身情绪、主观想法未得到满足引发投诉

　　D. 其他因素导致客户投诉

15. 投诉处理四大原则中，最终原则是（　　）。

　　A. 先处理心情、后处理事情

　　B. 首问负责制

　　C. 处理问题先于原因核实

　　D. 客户满意

16. 在处理投诉时多倾听，少说话，多认同，少争辩是（　　）投诉处理步骤。

　　A. 用心倾听

　　B. 先安抚情绪

　　C. 问题定位

　　D. 制订合理方案

17. "您的问题我们非常重视"是（　　）投诉处理步骤。

　　A. 用心倾听

　　B. 提升客户满意度

　　C. 问题定位

　　D. 制订合理方案

18. 客户服务代表与客户发生摩擦时，应说（　　）。

　　A. "我理解……"

　　B. "很抱歉，刚才是我的疏忽，我向您道歉……"

　　C. "很抱歉，让您久等了"

　　D. "我非常理解您现在的感受"

19. 下列选项中，属于客户服务代表原因导致投诉的是（　　）。

　　A. 装机时限

　　B. 故障修复时限

　　C. 服务态度

　　D. 客户带着不良情绪拨打 10000 号

20. 投诉回复时限是（　　）。

　　A. 72 小时内

　　B. 3 小时内

　　C. 48 小时内

　　D. 24 小时内

21. 10000 号提供（　　）服务。

　　A. 7×24 小时

　　B. 8×24 小时

　　C. 7×20 小时

　　D. 7×8 小时

22. 客户服务代表遇到客户投诉 10000 号难拨通时，可以回复客户
（　　）。

　　A. "非常感谢您提出的宝贵意见"

　　B. "我已经明白您的要求"

　　C. "很抱歉，因为同时拨打 10000 号的客户比较多，让您久等了！
　　　　请问有什么可以帮您"

　　D. "很抱歉，给您的使用带来不便"

三、多项选择题

1. 为达到将投诉转化为商机的目的，客户服务代表在处理客户投诉时，需要做到（   ）。

    A. 不要随意打断客户的谈话

    B. 耐心询问客户

    C. 通过客户投诉，挖掘客户的真实想法

    D. 从细节入手，转移客户的关注点，推出替代优惠方案

2. 客户投诉的意图是（   ）。

    A. 希望被关心和重视

    B. 希望存在的问题得到快速解决

    C. 对今后服务的期望

    D. 看人不顺眼

3. 对投诉的正确认识是（   ）。

    A. 客户是为了投诉而投诉

    B. 投诉是提供企业继续为客户服务的机会

    C. 投诉可以引导客户成为企业的长期理性客户

    D. 投诉可以发现企业的缺点

4. 将投诉转化为商机的做法是（   ）。

    A. 耐心询问客户，在没有得到足够的信息之前，不要轻易下任何结论

    B. 通过客户投诉，挖掘客户的真实想法，不要一味就事论事

    C. 从细节入手，转移客户的关注点，推出替代优惠方案

    D. 反客为主，变被动为主动，适时推荐合适的产品

5. 处理客户投诉的步骤是（   ）。

    A. 仔细聆听，迅速响应

    B. 充分有效地安抚

    C. 仔细询问、记录并作答

    D. 迅速提供合理解决方案

    E. 真诚地向客户进行解释

    F. 感谢客户，礼貌结束

6. 下列选项中，关于同理心的说法正确的是（　　　）。

A. 同理心的表达能消除客户愤怒的心情

B. 同理心的表达让客户感到客户服务代表理解了客户的心情、感受、处境和困难

C. 客户服务代表使用同理心时要特别注意声音中流露的情感

D. 在客户投诉和表达愉快心情时，客户服务代表都能使用同理心

7. 下列选项中，对投诉的正确认识是（　　　）。

A. 投诉可以发现企业的缺点

B. 投诉是提供企业继续为客户服务的机会

C. 投诉可以引导客户成为企业的长期理性客户

D. 投诉可以使企业的产品得到更好的改进

E. 投诉可以提高投诉处理人员的各项能力

8. 下列选项中，对客户投诉原因分析描述正确的是（　　　）。

A. 客户投诉是因为其对企业还有信任和期望

B. 客户不投诉表示其对这个企业不关心

C. 客户不投诉是因为他认为企业需要一个成长的过程

D. 客户不投诉是因为他不相信企业有能力解决

9. 看待投诉正确的观点包括（　　　）。

A. 投诉表现为客户对公司的关注程度

B. 投诉是重新赢回客户的重要途径

C. 公司处理投诉的热忱将提高客户的忠诚度

D. 公司通过客户投诉可以发现内部问题，改善服务质量和业务流程

10. 客户投诉其他客户服务代表时，客户服务代表应回答（　　　）。

A. "对不起，由于我们的失误，给您带来了麻烦，非常抱歉"

B. "对不起，可能是这位客户服务代表是实习生，给您带来了麻烦，很抱歉……"

C. "对不起，公司对这方面有明确的处罚规定，我们核实后会在××小时内把处理结果反馈给您，好吗"

D. "我们话务员不可能有问题"

11. 根据客户不满情绪划分，投诉分为（　　　）。

A. 抱怨

B. 超级投诉

C. 普通投诉

D. 越级投诉

12. 客户可以通过（   ）渠道投诉。

A. 营业厅

B. 网上营业厅

C. 10000 号

D. 客户经理

E. 信访

13. 投诉是客户对（   ）不满意。

A. 中国电信提供的产品

B. 中国电信提供的业务

C. 中国电信提供的网络

D. 中国电信提供的服务质量

14. 投诉的常见分类有（   ）。

A. 业务原因投诉

B. 客户服务代表原因投诉

C. 客户原因投诉

D. 其他原因投诉

15. 下列选项中，属于业务原因导致投诉的是（   ）。

A. 装机时限

B. 故障修复时限

C. 服务态度

D. 客户带着不良情绪拨打 10000 号

16. 投诉处理的原则包括（   ）。

A. 先处理心情、后处理事情

B. 首问负责制

C. 处理问题先于原因核实

D. 客户满意

17. 客户服务代表接到投诉电话可以使用（   ）方法调节心情。

A. 少说话，多认同

B. 美人照镜子

C. 太极呼吸

D. 纸上涂鸦

18. 客户服务代表在投诉处理步骤中，在安抚客户情绪时可以说（　　）。

    A. "我很愿意为您解决问题"

    B. "您的问题我们一定会重视起来"

    C. "您的问题我们会马上帮您反馈上去"

    D. "我非常理解您此时的心情和感受"

19. 平抑怒气法应把握的要点有（　　）。

    A. 认真倾听客户投诉

    B. 表明对此事的态度

    C. 搞清楚客户不满所在

    D. 让客户感到客户服务代表有诚意对待其投诉或抱怨

20. 客户服务代表在处理投诉时不应该向客户说的话有（　　）。

    A. "这不是我做的，我不知道"

    B. "这又不关我的事"

    C. "我们的业务规定就是这样的，没办法"

    D. "这又不归我管"

21. 遇到客户的要求无法满足时，客户服务代表应说（　　）。

    A. "我明白"

    B. "很抱歉，我们公司暂时没有此项服务"

    C. "我们会将您所提出的要求转交相关部门"

    D. "我们会努力做得更好"

22. 客户服务代表遇到投诉，进行自我保护的方法有（　　）。

    A. 建立正确的服务态度

    B. 基本制度执行

    C. 对自己不确定的知识点不盲目回答

    D. 营销要求要说明

23. 投诉对于企业而言的意义包括（　　）。

    A. 减少影响

    B. 提升自我

    C. 挽留客户

    D. 发现问题

24. 投诉对客户服务代表的意义包括（　　）。

    A. 提高个人素质

    B. 提升个人绩效

    C. 发现问题

    D. 提供个人晋升机会

25. 客户服务代表在投诉处理中为客户提供的解决方案有（　　）。

    A. 在线解答

    B. 转交给后台处理

    C. 告知客户没有办法处理

    D. 向班长反映求助

附录 6　压力情绪管理及积极心态培养复习题库

一、判断题

1. 当客户恶意责骂客户服务代表时，客户服务代表可以与客户对骂。

    （　　）

2. 当客户因故障得不到解决而不断责骂客户服务代表时，客户服务代表应明确客户并非针对客户服务代表本人，而是针对故障产品。（　　）

3. 情绪是指人们对环境中某个客观事物的特种感触所持的身心体验。

    （　　）

4. 客户服务代表经常遭到客户的拒绝与投诉，而有的客户的态度甚至非常恶劣。客户激动的情绪、提出过高的要求和不理解的情况，都会打击客户服务代表的自信心，造成客户服务代表的工作压力。　（　　）

5. 同理心的运用和用语规范是客户服务代表在服务中耐心程度的表现。

    （　　）

6. 情绪控制能力强是客户服务代表在服务中礼貌的表现。　（　　）

7. 压力是指当人们去适应由周围环境引起的刺激时，客户服务代表在身体上或精神上的生理反应。　（　　）

8. 客户服务代表要舒缓压力，保持良好的工作情绪与状态。　（　　）

9. 当客户服务代表感到工作压力时会没有动力和热情去工作。（　　）

10. 客户激动的情绪会打击客户服务代表的自信心。 （ ）

11. 工作重复单调、缺少变化是来自客户层面的压力。 （ ）

12. 工作压力只来源于客户层面和公司层面。 （ ）

13. 周围环境不能给客户服务代表带来压力。 （ ）

14. 深呼吸和数数都是减压方法。 （ ）

15. 减压方法有两种：一是写作减压，二是勇敢面对。 （ ）

16. 客户服务代表可以向别人诉说不愉快的事情。 （ ）

17. 客户服务代表在班前会可以通过唱歌或与同事们互动调整工作状态和心情。 （ ）

18. 客户服务代表在自己的座席上贴喜欢的格言是自我暗示法。（ ）

19. 心理换位法就是换位思考。 （ ）

20. 客户服务代表遇到发怒的事情，应思考发怒有何后果。 （ ）

21. 客户服务代表应学会做情绪的主人，当喜则喜，当悲则悲。（ ）

22. 自我激励法是用生活中的哲理或思想来鼓励自己。 （ ）

23. 客户服务代表在有工作压力时，可以适当将情绪发泄到客户身上。 （ ）

24. 客户服务代表接到骚扰电话后要技巧性地处理。 （ ）

25. 心态就是对跟自己相关的事物所做的反应。 （ ）

26. 心态不同，观察和感知事物的侧重点不同，对信息的选择也就不同。 （ ）

27. 人的心态只有两种：一是积极心态，二是消极心态。 （ ）

28. 客户服务代表应该抱着消极的心态去聆听客户的抱怨。 （ ）

29. 在生活中遇到不如意的事情是很不正常的，人要学会消极对待。 （ ）

30. 投诉客户送给我们"金子"，给了我们锻炼的机会。 （ ）

31. 客户服务代表心里有太多压力时要及时宣泄自己的情绪。 （ ）

32. 客户服务代表应及时疏导自己的愤怒情绪，对人表示善意。（ ）

33. 维持心理平衡是培养积极心态的方式之一。 （ ）

34. 有效的情绪管理可以培养积极心态。 （ ）

二、单项选择题

1. 与客户发生摩擦时，客户服务代表应（　　）。

  A. "真对不起，刚才是我的疏忽，我向您道歉……"

  B. "先生（女士），您错了，您听我说……"

  C. 直接挂机处理

  D. 转投诉专员

2. 在客户服务代表的工作压力与不良情绪的来源中，（　　）不是客户原因造成的。

  A. 客户情绪暴躁

  B. 客户提出不合理的要求

  C. 每天接到的客户反映的问题基本相同

  D. 遭到客户的拒绝

3. 下列选项中，（　　）是来自生活层面的压力。

  A. 轮班生活没有规律

  B. 客户提出不合理的要求

  C. 每天接到的客服反映的问题基本相同

  D. 遭到客户的拒绝

4. 缓解压力正确的方法是（　　）。

  A. 下班打电话回骂客户

  B. 发匿名短信回骂客户

  C. 辞职

  D. 向朋友倾诉

5. 当压力来临时，客户服务代表双手轻拍一下，然后用轻松、愉快的心情说"太好了，我又有一次成长的机会了"。这属于（　　）情绪控制方法。

  A. 写作解压

  B. 短暂休息

  C. 勇敢面对

  D. 逃避现实

6. 客户服务代表小张接待了一位情绪激动的投诉客户，处理完后小张虽然心里很烦躁，但仍及时将处理过程记录下来，用于在今后的工作中直接借鉴。这在情绪控制的方法中属于（　　）。

    A. 心理换位

    B. 及时总结、转移注意力

    C. 自我激励

    D. 有效利用班前和班后会，合理调整情绪

7. 抱着积极的心态去聆听客户的抱怨，同时发自真心地感激客户、积极工作。这种培养积极心态的方法是（　　）。

    A. 建立乐观心态

    B. 适当心理宣泄

    C. 有效情绪管理

    D. 维持心理平衡

三、多项选择题

1. 遇到客户情绪激动、破口大骂，客户服务代表错误的处理方法是（　　）。

    A. 幸灾乐祸，针锋相对

    B. 调整好心境，尽量抚平客户的情绪

    C. 无动于衷，保持沉默

    D. 表达对客户的不满

2. 客户服务代表的工作压力和不良情绪的来源包括（　　）。

    A. 客户层面

    B. 公司层面

    C. 周围环境

    D. 职业发展层面

    E. 生活层面

3. 客户服务代表在工作中常使用的情绪控制方法包括（　　）。

    A. 有效利用班前会和班后会，合理调整情绪

    B. 及时总结，转移注意力

    C. 自我暗示

    D. 自我激励

    E. 心理换位

4. 工作压力的症状包括（   ）。

    A. 头痛多汗

    B. 害怕接听电话

    C. 容易烦躁

    D. 没有动力和热情去工作

5. 日常工作中的减压方法包括（   ）。

    A. 深呼吸和数数

    B. 勇敢面对

    C. 写作减压

    D. 短暂休息

    E. 用玩具泄压

    F. 向别人倾诉

6. 当觉得压力来临的时候，客户服务代表要问问自己，是否有那么可怕，不要天马行空地胡思乱想，给自己平添烦恼，天下没有什么事是解决不了的，要以积极的态度来看问题。下列选项中，属于勇敢面对的减压方法的是（   ）。

    A. "太好了，我又有一次成长的机会了"

    B. "我是一个优秀的客户服务代表"

    C. "我再也不要因为客户的态度而沮丧"

    D. "我一定能行""我是最棒的"

7. 下列选项中，培养积极心态的正确方法包括（   ）。

    A. "接到骚扰电话后，我总是很久都觉得不舒服"

    B. "当觉得心里有压力时，我喜欢找朋友聊天诉说"

    C. "处理客户投诉也是让我'锻炼'了一次"

    D. "失败时我总是继续努力，相信自己总是会成功的"

8. 消极情绪包括（   ）。

    A. 憎恨

    B. 恐惧

    C. 痛苦

    D. 嫉妒

    E. 沮丧

9. 下列选项中，属于勇敢面对的减压方法的是（　　　）。

　　A. "我是一名优秀的客户服务代表"

　　B. "我一定能行"

　　C. "我怎么那么笨"

　　D. "我不会"

　　E. "我做不到"

10. 下列选项中，属于自我暗示法的是（　　　）。

　　A. "因为我在中国电信这样的世界 500 强企业内工作，所以我很骄傲"

　　B. "因为我的父母非常疼爱我，所以我很温暖"

　　C. "因为我的班长、领导都愿意给我做更重要的工作、让我参加更多的培训，所以我非常自信"

　　D. "因为我今天气色不错，所以我很精神"

11. 客户服务代表在遇到发怒的事情时应"三思"，其包括（　　　）。

　　A. 思考发怒有无道理

　　B. 思考发怒后有何后果

　　C. 思考客户为何发怒

　　D. 思考有无其他替代方式

12. 客户服务代表处理投诉时，控制情绪的方法包括（　　　）。

　　A. 提醒自己 "客户的抱怨不是针对我"

　　B. 保持冷静，做深呼吸

　　C. 提醒自己 "我是问题的解决者"

　　D. 提醒自己 "客户不是对我不满意，我不能受其影响"

13. 培养积极心态的方法包括（　　　）。

　　A. 建立乐观心态

　　B. 适当心理宣泄

　　C. 有效情绪管理

　　D. 维持心理平衡

附录 7　参考答案

客户服务代表角色认知复习题库参考答案

一、判断题

1.（正确）　　2.（正确）　　3.（错误）　　4.（错误）　　5.（正确）

6.（正确）　　7.（正确）　　8.（错误）　　9.（正确）　　10.（正确）

11.（正确）　　12.（错误）　　13.（正确）　　14.（错误）　　15.（错误）

二、单项选择题

1.（B）　　2.（C）　　3.（C）　　4.（D）　　5.（A）

三、多项选择题

1.（ABC）　　2.（ACD）　　3.（CD）　　4.（ABCDE）　　5.（ABC）

6.（ABCDE）　　7.（ABC）　　8.（ACDE）　　9.（ABCD）

客户服务代表服务礼仪复习题库参考答案

一、判断题

1.（正确）　　2.（正确）　　3.（正确）　　4.（错误）　　5.（正确）

6.（正确）　　7.（错误）　　8.（正确）　　9.（正确）　　10.（正确）

11.（正确）　　12.（正确）　　13.（错误）　　14.（错误）　　15.（错误）

16.（错误）　　17.（错误）　　18.（错误）　　19.（正确）　　20.（错误）

21.（错误）

二、单项选择题

1.（B）　　2.（D）　　3.（C）　　4.（D）　　5.（C）

6.（B）　　7.（B）　　8.（C）　　9.（D）　　10.（B）

11.（C）　　12.（C）　　13.（D）　　14.（A）　　15.（D）

16.（A）　　17.（B）　　18.（D）　　19.（C）　　20.（A）

21.（C）　　22.（A）

三、多项选择题

1.（AC）　　2.（AC）　　3.（ABCDE）　　4.（ABD）　　5.（ABCD）

6.（BCD）　　7.（BCD）　　8.（ACD）　　9.（ABD）　　10.（ABCD）

11.（BCD）　　12.（ABCD）　13.（ABD）　　14.（ACDEF）15.（ABCD）

16.（AB）　　17.（BCD）　　18.（ABC）　　19.（AC）

"听得见的微笑"复习题库参考答案

一、判断题

1.（正确）　2.（正确）　3.（正确）　4.（正确）　5.（错误）

6.（正确）　7.（正确）　8.（正确）　9.（正确）　10.（错误）

11.（正确）　12.（错误）　13.（正确）　14.（错误）　15.（正确）

16.（错误）　17.（正确）　18.（正确）　19.（错误）　20.（错误）

21.（错误）　22.（正确）　23.（错误）　24.（正确）　25.（错误）

26.（正确）　27.（正确）　28.（错误）　29.（错误）　30.（正确）

31.（错误）　32.（错误）　33.（正确）　34.（错误）　35.（错误）

36.（错误）　37.（错误）　38.（错误）　39.（正确）　40.（正确）

41.（正确）　42.（错误）　43.（错误）　44.（错误）　45.（正确）

二、单项选择题

1.（C）　　2.（B）　　3.（D）　　4.（B）　　5.（D）

6.（A）　　7.（A）　　8.（B）　　9.（C）　　10.（A）

三、多项选择题

1.（ABCDE）2.（ABCDEF）3.（ABD）　　4.（ABCD）　5.（ABCD）

6.（AB）　　7.（ABCDE）8.（ABC）　　9.（ABCDE）10.（BCD）

11.（ACD）　12.（ABCD）　13.（ABCD）　14.（CD）　　15.（ABCD）

服务规范及常见场景复习题库参考答案

一、判断题

1.（错误）　2.（错误）　3.（错误）　4.（错误）　5.（正确）

6.（错误）　7.（正确）　8.（错误）　9.（错误）　10.（正确）

11.（正确）　12.（错误）　13.（错误）　14.（错误）　15.（正确）

16.（错误）　17.（错误）　18.（正确）　19.（错误）　20.（错误）

21.（正确）　22.（错误）　23.（错误）

二、单项选择题

1.（C）　　2.（A）　　3.（B）　　4.（A）　　5.（D）

6.（B）　　7.（D）

三、多项选择题

1.（ABCD） 2.（CD） 3.（AC） 4.（AB）

投诉处理技巧复习题库参考答案

一、判断题

1.（错误） 2.（正确） 3.（正确） 4.（错误） 5.（正确）

6.（正确） 7.（正确） 8.（正确） 9.（错误） 10.（正确）

11.（错误） 12.（错误） 13.（正确） 14.（错误） 15.（错误）

16.（正确） 17.（正确） 18.（正确） 19.（错误） 20.（正确）

21.（错误） 22.（正确） 23.（错误） 24.（错误） 25.（错误）

26.（正确） 27.（错误） 28.（错误） 29.（正确） 30.（正确）

31.（正确） 32.（正确） 33.（正确） 34.（正确） 35.（正确）

36.（错误） 37.（正确） 38.（错误） 39.（正确） 40.（正确）

41.（正确） 42.（错误） 43.（错误） 44.（错误）

二、单项选择题

1.（A） 2.（C） 3.（E） 4.（A） 5.（A）

6.（C） 7.（A） 8.（C） 9.（D） 10.（A）

11.（D） 12.（D） 13.（D） 14.（A） 15.（D）

16.（A） 17.（B） 18.（B） 19.（C） 20.（C）

21.（A） 22.（C）

三、多项选择题

1.（BCD） 2.（ABC） 3.（BCD） 4.（ABCD） 5.（ABCDEF）

6.（ABCD） 7.（ABCDE） 8.（ABD） 9.（ABCD） 10.（AC）

11.（ACD） 12.（ABCDE） 13.（ABCD） 14.（ABC） 15.（AB）

16.（ABCD） 17.（BCD） 18.（AD） 19.（ABCD） 20.（ABCD）

21.（BCD） 22.（ABCD） 23.（ACD） 24.（ABD） 25.（ABD）

压力情绪管理及积极心态培养复习题库参考答案

一、判断题

1.（错误） 2.（正确） 3.（正确） 4.（正确） 5.（错误）

6.（正确） 7.（正确） 8.（正确） 9.（正确） 10.（正确）

11.（错误） 12.（错误） 13.（错误） 14.（正确） 15.（错误）

16.（正确）　　17.（正确）　　18.（错误）　　19.（正确）　　20.（正确）

21.（正确）　　22.（正确）　　23.（错误）　　24.（正确）　　25.（正确）

26.（正确）　　27.（正确）　　28.（错误）　　29.（错误）　　30.（正确）

31.（正确）　　32.（正确）　　33.（正确）　　34.（正确）

二、单项选择题

1.（A）　　　2.（C）　　　3.（A）　　　4.（D）　　　5.（C）

6.（B）　　　7.（A）

三、多项选择题

1.（ACD）　　2.（ABCDE）　3.（ABCDE）　4.（ABCD）　　5.（ABCDEF）

6.（ABCD）　7.（BCD）　　8.（ABCDE）　9.（AB）　　　10.（ABCD）

11.（ABD）　12.（ABCD）　13.（ABCD）

附录8　模拟场景及话术

1. 场景名称：固定电话来电显示

场景应答思路：场景应答思路如附表8-1所示。

附表8-1　场景应答思路

来电显示	首先在系统核实是否已开通来电显示	已开通功能	直接告知已开通、可以使用	引导客户可以在关注微信公众号后参与活动
	验证客户密码	未开通	询问客户是否确认开通，告知生效时间以及资费规则	

应答话术：固定电话来电显示。

客户："我的号码是×××，怎么别人打电话过来没有显示号码？"

客户服务代表："您好，您的座机没有开通来电显示功能，所以没有显示来电号码，我这里可以帮您开通，请问服务密码准备好了吗？"

客户："需要收费吗？"

客户服务代表："来电显示功能×元一个月。"

客户："可以，你帮我开通吧。"

客户服务代表："那麻烦您验证一下服务密码，请听提示输入。"

客户："好。"

（验证通过）

客户服务代表："那现在就为您的号码×××开通来电显示功能，3 小时内生效，本月费用按天收取。请问还有其他业务需要咨询吗？"

客户："没有了，谢谢！"

客户服务代表："请别挂机，稍后请对本次服务进行评价，满意请按 1，谢谢！"

2. 场景名称：固定电话呼叫转移

场景应答思路：场景应答思路如附表 8-2 所示。

附表 8-2　场景应答思路

呼叫转移	在系统核实是否已开通呼叫转移	已开通功能	直接询问客户需要哪种方式的呼叫转移（无应答、无条件、遇忙转）并将操作方法和资费以短信方式发给客户	引导客户可以在关注微信公众号后参与活动
	验证客户密码	未开通	直接询问客户需要哪种方式的呼叫转移，在系统中开通，同时将操作方法和资费以短信方式发给客户	

应答话术：固定电话呼叫转移。

客户："我的号码是×××，需要设置呼叫转移，请问怎么设置？"

客户服务代表："您好，本机未开通此功能，需要以验证密码后申请，请问服务密码准备好了吗？"

客户："准备好了。"

（验证通过）

客户服务代表："为了方便您使用，为您开通全部呼叫转移功能，3 小时内生效，请问本次需要哪种呼叫转移？"

客户："一来电话就直接转移的那种。"

客户服务代表："好的，已经帮您开通呼叫转移功能，但设置转接号码需要您在话机上操作，我将操作方法和资费标准以短信形式发送给您，请问你的手机号码是多少？"

客户："×××。"

客户服务代表："好的，已经发送给您，请留意短信，本次为您办理的业务是开通呼叫转移功能。请问还有其他业务需要咨询吗？"

客户："没有了。"

客户服务代表："请别挂机，稍后请对本次服务进行评价，满意请按1，谢谢！"

3. 场景名称：固定电话呼叫等待

场景应答思路：场景应答思路如附表8-3所示。注意：固定电话呼叫等待与固定电话免打扰、固定电话呼叫转移不能同时办理。

附表8-3　场景应答思路

	在系统核实是否已开通呼叫等待	已开通功能	为客户确认功能已开通，并将操作方法以短信方式发送给客户	引导客户可以在关注微信公众号后参与活动
呼叫等待	验证客户密码	未开通	询问客户是否确认开通，告知生效时间以及资费规则	

应答话术：固定电话呼叫等待。

客户："你好，我想为来电的这个座机（×××号）开通一种功能，不知道你们有没有？"

客户服务代表："您好，请问是什么样的功能？麻烦您大概说一下。"

客户："是这样的，就是当我在和一个人通话的时候，有一个很急的电话打进来，我想先接这个很急的电话，但是我又不想断掉第一个在接听中的电话，等会儿还要再接通回去并继续通话的这种功能，有吗？"

客户服务代表："嗯，符合这种功能的业务是有的，叫呼叫等待。我们这里可以帮您开通，请问服务密码准备好了吗？"

客户："准备好了，要收费吗？"

客户服务代表："呼叫等待是不用收费的。麻烦您听提示验证一下密码。"

客户："好的。"

（验证通过）

客户服务代表："那我现在帮您把座机×××号开通呼叫等待功能，免月租费。申请完成3小时内生效。"

客户："好的，谢谢！"

客户服务代表："好的，已经办理完成。请问还有其他业务需要咨询吗？"

客户："没有了，谢谢！"

客户服务代表："请别挂机，稍后请对本次服务进行评价，满意请按 1，谢谢！"

4. 场景名称：固定电话呼出限制

场景应答思路： 场景应答思路如附表 8-4 所示。

附表 8-4　场景应答思路

	在系统核实是否已开通呼出限制	已开通功能	为客户确认功能已开通，并询问客户交换机机型，将呼出限制操作方法以短信方式发送给客户	引导客户可以在关注微信公众号后参与活动
呼出限制	验证客户密码	未开通	询问客户是否确认开通，告知生效时间以及资费规则	

应答话术：固定电话呼出限制。

客户："我的号码是×××，想让别人打不了国内长途，但是我可以拨打，有什么办法吗？"

客户服务代表："您好，可以开通固定电话呼出限制功能，月租费×元一个月。"

客户："怎样用的？"

客户服务代表："功能开通后您可以自己设定一个 4 位数的密码，每次拨打国内长途时只有输入密码才可以拨打。"

客户："可以，你帮我开吧。"

客户服务代表："开通该功能需要验证 6 位数字的服务密码，请问您准备好了吗？"

客户："已经准备好了。"

客户服务代表："请听提示输入验证。"

客户："嗯。"

（验证通过）

客户服务代表："那现在就为您的号码×××开通呼出限制功能，3 小时内生效，申请当月按天收费。请问 4 位数的密码您要设定成什么呢？"

客户："××××。"

客户服务代表："好的，已经设置完成。请问还有其他业务需要咨询吗？"

客户："没有了，谢谢！"

客户服务代表："请别挂机，稍后请对本次服务进行评价，满意请按1，谢谢！"

5. 场景名称：固定电话取消七彩铃音

场景应答思路：场景应答思路如附表8-5所示。

附表8-5　场景应答思路

挽留	接受	结束通话				
	不接受	区分套餐内是否包含	包含	告知套餐内免费，无需取消	接受	结束通话
					不接受	验证客户密码后取消，并告知取消规则
			不包含	验证客户密码后取消，并告知取消规则	结束通话	

应答话术：固定电话取消七彩铃音。

客户："你好！我要取消固定电话的彩铃，如何办理？"

客户服务代表："取消彩铃后，对方拨打您的电话只有普通的嘟嘟声，听不到美妙的音乐声。"

客户："不需要，你帮我取消吧！"

（情况1：套餐内包括彩铃优惠）

客户服务代表："查询您的套餐中包含了彩铃的费用，不会产生额外的费用，建议您无须取消。"

客户："我只要嘟嘟声就可以了。"

（情况2：套餐内不包括彩铃优惠）

客户服务代表："彩铃月租每月×元，取消当月按实际开通天数进行收费。现在为您取消，请问6位数字的服务密码准备好了吗？"

客户："准备好了。"

客户服务代表："请您根据语音提示输入……，（密码验证成功）现在为您取消固定电话号码×××的彩铃功能，取消完成，彩铃声立即失效，您以后有需要可以再次来电办理。请问还有其他业务需要办理吗？"

客户："没有了。"

客户服务代表："请别挂机，稍后请对本次服务进行评价，满意请按1，谢谢！"

6. 场景：固定电话拨打国际长途

场景应答思路： 客户服务代表首先通过系统查询判断客户号码是以个人名义开户的还是以公司名义开户的，以便后续使用正确规范的资料鉴权；其次判断客户类型；最后查询客户的号码是否开通国际长途功能，并告知资费。

应答话术： 固定电话拨打国际长途

客户："你好，我想问一下，我的这个固定电话×××号打美国电话怎么收费啊？"

客户服务代表："您好，请问怎么称呼您（此时通过系统查询客户的固定电话是否开通国际长途功能）。"

客户："我姓肖。"

客户服务代表："肖女士您好，经系统查询，您的号码已经开通了国际长途功能。您使用本机号码拨打美国电话，可以加拨×××进行拨打。资费为×××。稍后我将您加拨×××拨打美国电话的资费标准以及拨打方式以短信的形式发送到您的手机号码上，好吗？"

客户："好的，我手机号码是×××。"

客户服务代表："肖女士，短信已发送，请留意短信，请问您还有其他业务需要咨询吗？"

客户："没有了。"

客户服务代表："请别挂机，稍后请对本次服务进行评价，满意请按1，谢谢！"

7. 场景：固定电话过户

场景应答思路： 10000号无法受理固定电话过户，客户服务代表应引导客户至营业厅办理，需携带的资料以短信发送给客户。

后（预）付费固定电话的过户说明如下：后（预）付费固定电话可以互相过户，即单位电话可以和个人电话互相过户。

在固定电话不受任何套餐限制的情况下，个人客户过户给单位时需同时把客户类型改为单位客户；单位客户过户给个人时若地址属于住宅类则需同时把客户类型改为私人住宅，不符合则改为商业类型。

应答话术：固定电话过户。

客户："你好，我家里的固定电话×××号想要换个机主可以吗？"

客户服务代表："您好，可以的。您可以到营业厅现场去办理过户。"

客户："你们这里直接帮我办不就行了吗，我有资料。"

客户服务代表："非常抱歉，过户手续需要前往营业厅才可以办理，麻烦您移步到营业厅办理，我将您需要携带的资料以短信方式发送给您。"

客户："嗯。"

客户服务代表："好的，我将短信发送到您来电的手机上，请您留意短信。"

客户："可以，我再问一下，过户要收钱吗？"

客户服务代表："您好，固定电话过户是×元一次一个号码。固定电话号码在办理过户时，将按固定电话号码资源分级标准执行新的优质号码管控规则，收取预存费和低消费用，具体以营业厅公布的资费为准。"

客户："好的，我了解了。"

客户服务代表："嗯，那请问还有其他业务需要咨询吗？"

客户："没有了，谢谢。"

客户服务代表："请别挂机，稍后请对本次服务进行评价，满意请按1，谢谢！"

8. 场景名称：固定电话改号

应答话术：固定电话改号。

客户："你好，我的号码是×××，我想改个号码，可以吗？"

客户服务代表："可以的，需要验证一下您的服务密码，请问准备好了吗？"

客户："准备好了，改号要收费吗？"

客户服务代表："需要的，×元一次一个号码。"

客户："可以，你给我验证一下密码吧。"

客户服务代表："好的，请听提示并输入验证。"

客户："嗯。"

（验证通过）

客户服务代表："您好，密码验证通过，麻烦您记几个随机号码（提供给客户）。"

客户："嗯，但是这几个号码我觉得都不怎么好，能不能再换几个？"

客户服务代表："不好意思，系统查询到的可选号码只有这些，或者您可以直接到营业厅现场办理，有比较多的号码源可选。但是如果您在挂机后觉得本次通话提供的号码中有您满意的，就无法再选择这些号码了，因为系统号码资料不断更新和变化，所以每次查询到的结果都不一定相同。"

客户："嗯，我再看一下。那这样，你就给我改×××号码吧。"

客户服务代表："好的，确定将您本次来电的座机×××号更改为×××号，对吗？"

客户："是的。"

客户服务代表："好的，那您本次申请的将固定电话×××号更改为×××号已经办理完成，扣款成功后，24小时内生效。请您后续留意一下。"

客户："好。"

客户服务代表："请问还有其他业务需要咨询吗？"

客户："没有了，谢谢。"

客户服务代表："请别挂机，稍后请对本次服务进行评价，满意请按1，谢谢！"

9. 场景名称：重置拨号密码

场景应答思路：场景应答思路如附表8-6所示。

附表8-6　场景应答思路

客户忘记宽带拨号密码，要求查询	告知密码无法查询，引导客户重置	询问客户号码，与客户确认是上网密码还是客户服务密码	按10000号业务查询及受理规范鉴权后在线为客户办理	发送相关短信，如果是电信号码，可以把密码发送给客户	结束

答应话术：重置拨号密码。

客户："我忘记宽带密码了，你帮我查一下。"

客户服务代表："请问您是忘记了上网密码还是客户服务密码？"

客户："忘记了宽带的上网密码。"

客户服务代表："不好意思，上网密码只能重置，无法查询。"

客户："那你帮我重新设置一个吧。"

客户服务代表："好的，办理业务需验证 6 位数客户服务密码，请问您准备好了吗？"

客户："准备好了。"

客户服务代表："请您根据语音提示输入，（密码验证通过）现在为您办理重置上网密码，密码由系统随机抽取的 8 位数字组成，重置马上生效，请您记录密码。"

客户："好的。"

客户服务代表："请问还有其他业务需要咨询吗？"

客户："没有了，谢谢。"

客户服务代表："请别挂机，稍后请对本次服务进行评价，满意请按 1，谢谢！"

10. 场景名称：办理手机拆机

场景应答思路：场景应答思路如附表 8-7 所示。

附表 8-7 场景应答思路

办理手机拆机	询问客户拆机原因	进行挽留	挽留有效	不拆机		
			挽留无效	引导客户前往营业厅办理	查询套餐有无未到期的终端补贴协议,如有,提醒客户协议未到期,提前取消需缴纳违约金	将拆机需要带的资料通过短信发送给客户

应答话术：办理手机拆机

客户："你好，我的×××号码不使用了，要取消。"

客户服务代表："请问您是考虑什么原因以后不再使用了呢？"

客户："要去外地了，就不想再用这里的号码了。"

客户服务代表："查看您的套餐是全国接听免费，套餐内的通话流量也是全国范围都可以使用的，拿到外地用跟在本地使用是一样的哦。"

客户："这个套餐比较贵，就不想使用了。"

客户服务代表："好的，拆机需要到营业厅现场办理。同时，查看到您的号码有享受'预存送终端补贴'，这个活动要到今年 9 月底才到期，如提前取消需补违约金。"

客户："违约金怎么收？"

客户服务代表："违约金按'办理合约时市场零售价与优惠购机价之间

的差额×未完成的协议月份数/协议约定月份数'来计算，具体以营业厅工作人员计算的为准。"

客户："那我去营业厅办理吧。"

客户服务代表："我将拆机所需要带的资料以短信形式发送到您本机号码上，请留意短信。"

客户："好的。"

客户服务代表："请问还有其他业务需要咨询吗?"

客户："没有了。"

客户服务代表："请别挂机，稍后请对本次服务进行评价，满意请按1，谢谢!"

11. 场景名称：取消呼叫转移

场景应答思路： 客户服务代表首先确定客户的号码是以个人名义开户的还是以公司名义开户的，以方便后续使用正确的鉴权规范；其次确认客户是之前自己通过手机设置的呼叫转移还是来电 10000 号设置的呼叫转移，以避免前台取消功能后，系统仍会实现呼叫转移。

应答话术：取消呼叫转移。

客户："你好，我想取消×××号手机的呼叫转移。"

客户服务代表："好的，请问一下怎么称呼您?"

客户："免贵姓郭。"

客户服务代表："郭女士您好，请问您之前是在手机上自行设置的呼叫转移还是来电 10000 号设置的呼叫转移呢?"

客户："来电 10000 号设置的。"

客户服务代表："好的，麻烦您输入一下客户服务密码，现在给您播放提示音，请您输入。"

（验证通过）

客户服务代表："郭女士您好，密码验证通过，本次为您的×××号手机办理取消呼叫转移，系统会在 24 小时内生效，请您后续留意使用情况。"

客户："好的。"

客户服务代表："请问还有其他业务需要咨询吗?"

客户："没有了。"

客户服务代表："请别挂机，稍后请对本次服务进行评价，满意请按1，谢谢!"

12. 场景：手机×××号拨打国际长途

场景应答思路：客户服务代表首先通过系统查询判断客户号码是以个人名义开户的还是以公司名义开户的，以便后续使用正确规范的资料鉴权；其次判断客户类型；最后查询客户的号码是否开通国际长途功能，并告知资费。

应答话术：手机×××号拨打国际长途。

客户："你好，我想问一下，我的这个手机打新加坡的电话怎么收费啊？"

客户服务代表："您好，请问怎么称呼您（此时通过系统查询客户的电话是否开通国际长途功能）？"

客户："肖女士。"

客户服务代表："肖女士您好，经系统查询，您的号码已经开通了国际长途功能。您用本机号码拨打新加坡电话，可以通过加拨×××进行拨打。资费为×××。稍后我将您通过加拨×××拨打新加坡电话的资费标准以及拨打方式以短信的形式发送到您的手机上，好吗？"

客户："好的。"

客户服务代表："肖女士，短信已发送，请稍后留意，请问您还有其他业务需要咨询吗？"

客户："没有了。"

客户服务代表："请别挂机，稍后请对本次服务进行评价，满意请按1，谢谢！"

13. 场景：手机开通流量包

场景应答思路：客户服务代表首先通过系统查询判断客户号码是以个人名义开户的还是以公司名义开户的，以便后续使用正确规范的资料鉴权；其次判断客户类型；再次核实客户号码类型以及套餐；最后受理。

应答话术：手机开通流量包。

客户："你好，我的手机流量每个月都不够用，你们现在有什么流量包啊？"

客户服务代表："您好，请问一下怎么称呼您？"

客户："我姓王。"

客户服务代表："王先生您好，查询到您近6个月的账单，发现您手机平均每月都会超出××的流量。根据您的套餐，您的手机在超出流量后将按标准资费××被扣取费用，也就相当于需要被扣××元的流量费用。建议您开通××流量包，包含××流量，比较符合您的实际需要，请问需要现在为您办理吗？"

客户："好的。"

客户服务代表："王先生，请您根据语音提示输入客户服务密码。"

客户："好的。"

客户服务代表："王先生您好，您的密码验证通过。本次为您受理×××号手机开通××流量包，申请当月不足整月的，将按天数扣月租费用，对于里面包含的××流量，也会按天数扣取，从下个月开始将会整月扣取流量包的费用，流量也会全额赠送。如若您以后不再使用流量包，请您提前1个月申请取消，好吗？"

客户："好的。"

客户服务代表："王先生，短信已发送，请留意短信。请问您还有其他业务需要咨询吗？"

客户："没有了。"

客户服务代表："请别挂机，稍后请对本次服务进行评价，满意请按1，谢谢！"